야곱의 지혜와 요셉의 성공에서 배우는 인생 전략

지성과 성공, 신이 원하는 삶

지성과 성공, 신이 원하는 삶

발행일	2025년 12월 23일
지은이	모봉구
펴낸이	손형국
펴낸곳	(주)북랩

출판등록 2004. 12. 1(제2012-000051호)
주소 서울특별시 금천구 가산디지털 1로 168, 우림라이온스밸리 B동 B111호, B113~115호
홈페이지 www.book.co.kr
전화번호 (02)2026-5777   팩스 (02)3159-9637

ISBN 979-11-7598-016-7 03190 (종이책)   979-11-7598-017-4 05190 (전자책)

작가 연락처 문의 ▸ ask.book.co.kr

전용 게시판에 문의를 남기시면 저자에게 직접 전달됩니다.

(주)북랩 성공출판의 파트너

북랩 홈페이지와 SNS에서 다양한 출판 솔루션을 만나 보세요!

홈페이지 book.co.kr • **블로그** blog.naver.com/essaybook • **출판문의** text@book.co.kr
카톡채널 북랩

야곱의 지혜와 요셉의 성공에서 배우는 인생 전략

지성과 성공,
신이 원하는 삶

모봉구 지음

북랩

어떻게 살 것인가에 대한 성서의 결론

성서에서 창세기는 법으로 비유하면 헌법과 같은 위치에 있다. 세상의 근원과 인간 삶의 뼈대를 담고 있기 때문이다. 창세기에는 하나님이 세상을 창조한 칠일간의 이야기, 에덴동산의 아담과 이브, 노아의 방주 등 누구나 한 번쯤 들어본 굵직한 서사들이 펼쳐진다.

아담과 이브는 뱀의 유혹에 넘어가 금지된 열매를 따먹고 낙원에서 쫓겨났다. 카인은 동생 아벨을 시기해 살인을 저지르고 방랑자가 되었으며, 세상이 죄악으로 가득 차자 노아만이 방주를 통해 살아남았다. 인간들은 바벨탑을 쌓아 하늘에 닿으려 했지만, 하나님께서 그들의 교만을 꺾어 세상에 흩어버리셨다.

이렇듯 창세기의 전반부는 "바르게 살지 않으면 벌을 받는다."는 경고로 가득하다. 그러나 결말부, 즉 야곱과 요셉의 이야기는 다른 길을 보여준다. 그들의 삶을 통해 성서는 "어떻게 사는 것이 바른 길인가"에 대한 해답을 제시한다. 특이한 것은, 그 길이 신앙에 있지 않고 우리의 세속적인 삶 속에 있다는 것이다.

야곱은 독특한 인물이다. 성서 속 이름들은 대개 "하나님은 나의 구원"이나 "나의 힘"과 같은 신앙적 고백을 담고 있다. 그러나 야곱은 달랐다. 그는 "하나님과 싸워 이긴 자", 곧 이스라엘이라는 도전적인 이름을 얻었다. 신을 두려워하기보다 맞서 씨름하며 자기 길을 개척한 인간, 그것이 야곱이었다.

그 야곱이 가장 사랑한 아들이 요셉이었다. 요셉은 형들의 시기를 받아 노예로 팔려가고, 억울하게 감옥에까지 갇혔지만 결코 꺾이지 않았다. 끝내 이집트의 국무총리에 올라 부귀영화를 누린 그는, 가나안의 시골 소년에서 제국의 실력자로 신분이 수직상승한 인물이었다. 현대적으로 표현하자면, 그는 고대판 '남자 신데렐라'였다.

야곱은 지성으로 하나님과 씨름한 인물이었고, 요셉은 노력과 꿈으로 부를 이룬 인물이었다. 창세기는 이 두 사람을 통해 신앙인뿐 아니라 지성인, 그리고 자수성가형 성공인의 삶까지 포괄한다. 현실에서 사람들에게 가장 절실한 것은 신앙 못지않게 지성과 성공이기 때문이다.

결국 창세기가 전하는 메시지는 단순하다. 많이 배우고, 깊이 생각하며, 바른 판단으로 살아야 한다. 또한 큰 꿈을 품고 부지런히 일해 성공과 부를 이루어야 한다. 그럴 때 삶이 안정되고, 남을 도우며, 세상에 기여할 수 있다.

오늘날 우리는 MRI나 초음파로 몸속을 들여다보며 질병을 진단한다. 그러나 아직 인간의 마음을 들여다보는 기계는 없다. 그 대신 소설, 연극, 영화, 신화, 전설 같은 인문학적 거울을 통해 자신의 내면을 비추어볼 수 있을 뿐이다.

야곱과 요셉의 이야기도 그 거울 가운데 하나다. 야곱은 지성인의 길을, 요셉은 꿈꾸는 성공인의 길을 보여준다. 두 사람의 삶은 어느 시대, 어느 사회에서도 통하는 인간 삶의 원형(原型)이 된다. 이 두 인물을 통해 삶의 본질을 이해하고 자신을 비추어 본다면, 우리는 내면을 진단하고 바로잡는 안내자 역할을 할 것이다.

성서가 전하는 결론은 결국 하나다. 인간은 지성과 꿈을 통해 더 나은 삶으로 나아갈 수 있다. 그것이 바로 신이 원하는 삶이며 진리와 하나 되는 것이다. 창세기가 우리에게 남긴 오래되고 단단한 답이기도 하다.

이 책은 3,000년 이전의 고대 사회에서도 야곱 같은 사람들이 공부하는 지성인의 중요성을 이미 깨닫고 실천하고 있었음을 보여준다. 그의 아들 요셉은 현대인들도 지니고 싶어 하는 플러스적 사고 방식을 활용해 크게 성공한 사례에 해당한다.

그래서 이 책은 신앙의 관점에서만이 아니라 지성과 치열한 현실의 관점에서 성서를 다시 읽는 시도다. 야곱과 요셉의 삶을 통해 신이 인간에게 바라는 삶이 무엇인지, 그리고 오늘을 사는 우리가 그 정신을 어떻게 이어받을 수 있는지를 탐구한다.

차례

II. 성공의 길, 요셉

III. 맺음말

I.

지성의 길, 야곱

야성과 지성,
삶을 이끄는 두 민족

- 야성은 본능의 불꽃이고, 지성은 그것을 다스리는 등불이다

야곱과 에서,
인간의 두 얼굴

동물과 구별되는 인간 고유의 삶을 논할 때 가장 먼저 주목해야 할 것은 지성이다. 인간 사회에서 생각하고 아는 것은 곧 힘이 되므로, 지성의 가치는 아무리 강조해도 지나치지 않다. 성서는 이러한 중요성을 반영하여 쌍둥이 형제 야곱과 에서를 통해 인간 존재의 영원한 주제라 할 수 있는 지성과 야성을 다룬다.

야곱과 에서는 이삭과 리브가 사이에서 쌍둥이로 태어났다. 성서는 이미 그들이 태중에서부터 다투었다고 전한다. 하나님은 이들이 두 민족으로 갈라질 것이며, 형이 동생을 섬기게 되리라 예언하셨다.

먼저 태어난 아기는 온몸이 붉고 털로 덮여 있어 '에서(Esau)'라 불

렸고, 뒤이어 형의 발꿈치를 잡고 나온 동생은 '야곱(Jacob)'이라 이름 지어졌다. 성장하면서 에서는 사냥에 능한 들판의 사람이 되었고, 야곱은 조용히 장막에 머무르기를 좋아했다.

에서는 강한 체격과 붉은 피부, 온몸의 털, 그리고 거칠게 들판을 누비는 성향 때문에 동물적이고 야성적인 인물로 그려진다. 붉은색이 뜨거움과 성급함을 상징하듯, 그는 다혈질적이고 쉽게 흥분하며 거칠게 살아가는 성격이었다.

반대로 야곱은 차분하고 곱상한 기질을 지녔으며, 실내에서 사색을 즐겼다. 성서 번역본은 그를 '조용한 사람'이라 표현하지만, 이에 해당하는 히브리어 '탐(tam)'은 '완전한', '고결한', '옳은'이라는 의미를 담고 있다. 야곱은 단순히 내성적인 인물이 아니라 도덕적·정신적으로 성숙한 인물로 제시된 것이다. 이를 통해 야곱이 상징하는 인간의 지성이 동물적인 거친 야성에 비해 보다 완전하고 고결하며 옳은 것임을 강조하고 있다.

이 두 사람을 오늘날 드라마나 영화 속 인물로 비유하면 이해가 쉽다. 한 사람은 거친 말투를 쓰며 검은 가죽 점퍼와 두건 차림으로 오토바이를 몰고 도로를 질주한다. 굉음을 내며 행인들 사이를 아슬아슬하게 빠져나가고, 결국 뒷골목 술집에 도착해 술을 마시다 시비 끝에 싸움이 벌어져 난장판을 만든다. 이어 불빛이 번쩍이는 나이트클럽으로 향해 강렬한 음악 속에서 춤을 추며 밤을 보낸다.

또 다른 한 사람은 모범생의 전형이다. 단정한 말투와 준수한 용모, 때로는 안경을 쓴 모습으로 수업 시간에 선생님의 말을 진지하게 경청한다. 수업이 끝나면 곧장 도서관으로 향해 책상 위에 책을 쌓아놓고 밤늦도록 공부한다. 길에서 만나는 어른들에게는 깍듯하게 인사해 흐뭇한 미소를 자아낸다. 드라마 속에서 인물의 복장, 말투, 행동, 장소로 성격을 드러내듯, 전자는 야성적이고 후자는 지적인 모범생임을 쉽게 알 수 있다.

에서가 먼저 태어난 것은 상징적이다. 인간에게 본능적 야성이 먼저 자리 잡는 것은 자연스러운 일이다. 본능 없이는 생존 자체가 불가능하기 때문이다.

그러나 야곱이 형의 발꿈치를 잡고 태어난 것은 단순한 약삭빠름이나 비열함이 아니다. 발꿈치는 인간의 약점을 상징하며, 이는 곧 야성이 지닌 한계를 의미한다. 네 발 달린 동물보다 느리고, 송곳니도 작으며, 털이 없어 추위에 약한 인간은 본능적 힘만으로는 살아남기 어렵다.

따라서 야곱이 형의 발꿈치를 잡은 행위는 야성을 부정한 것이 아니라, 그것을 보완하고 넘어서는 지성이 함께 태어났음을 뜻한다. 인간의 지성은 야성의 부족함을 메우기 위해 등장했고, 그 결과 다른 동물들과 비교할 수 없는 수준으로 뇌가 발달하게 되었다.

결국 에서와 야곱은 단순한 형제가 아니라 인간 내면에 공존하는 두 힘인 야성과 지성을 상징한다. 야성은 생존의 힘을, 지성은 그 한계를 극복할 길을 제공한다. 두 힘은 대립하면서도 서로를 보완하며, 바로 그 균형 속에서 인간은 야생을 넘어 문명을 일구어 온 것이다.

배운 사람과
배우지 않은 사람

하나님은 에서와 야곱이 어머니의 태중에 있을 때, 이들이 각각 두 민족으로 갈라지게 될 것이라 예언하셨고 실제로도 그렇게 된 바 있다. 여기서 말하는 두 민족은 단순히 백인과 흑인, 유럽과 아시아, 유대인과 반(反)유대인 같은 구분이 아니다. 그것은 곧 인간이 아주 이른 시기부터 야성인 혹은 지성인으로 살아가게 된다는 뜻이다. 신께서 이 사실을 언급하신 것은 그것이 변함없는 진리임을 강조하는 것이기도 하다.

결국 중요한 것은 내가 야성인의 길을 선택할 것인가, 지성인의 길을 선택할 것인가 하는 문제다. 이는 인생 초기에 무의식적으로 마주하게 되는 삶의 갈림길이다. 지금 시점에서 자신이 두 민족 중 어디에 속하는지 돌아볼 필요가 있다. 지성인의 삶을 살고 있다면 다행이지만, 야성인의 삶을 따르고 있다면 야곱의 이야기와 성장 과정에 좀 더 관심을 가질 필요가 있다.

에서 같은 야성적인 사람들은 학창 시절 흔히 '노는 아이들'로 불린다. 그들은 무리를 지어 다니며 술·담배 같은 청소년 금지 행동으로 기성세대에 저항하고 자신을 과시한다. 때로는 학교 폭력을 저지르거나 성적 일탈로 사회의 관심을 끌기도 한다.

성인이 된 뒤에는 배움이 부족해 안정된 직업을 갖기 어렵다. 막노동이나 허드렛일로 근근이 살아가면서도 언젠가 한탕 할 수 있다며 허세를 부리는 유형이다. 아는 것이 힘인 세상에서 공부를 소홀히 한 결과다. 이들은 학창 시절 교과서 외에는 평생 열 손가락으로

꼽을 만큼의 책도 읽지 않고 지식과 담을 쌓고 산다.

물론 태어날 때부터 천한 신분은 없다. 그러나 배우지 않으면 인간 사회에서 천대받는 것이 냉엄한 현실이다. 고대 사회에서는 신분 때문에 배움 자체가 제한되었지만, 현대 사회는 그 장벽이 크게 줄었다. 그럼에도 불구하고 배움을 게을리한 에서 같은 부류가 문명사회에서 낮은 대우를 받는 것은, 신이 그렇게 질서를 세우신 까닭이라 할 수 있다.

반대로 야곱과 같은 사람들은 주류적인 삶을 산다. 학창 시절부터 꾸준히 공부하고 훈련하며 지적 능력과 실력을 키워간다. 성인이 되어 사회에 나오면 지적인 일을 하거나 리더가 되어 세상을 이끌어간다. 사람들은 누구나 야곱처럼 주류의 삶을 살기를 바라지만, 현실에서는 에서 같은 비주류도 존재한다. 성경에서 "두 민족"이 공존한다고 말한 것도 바로 이 때문이다.

하나님이 "큰 자가 어린 자를 섬길 것이다"라고 하신 말씀은 곧 야성적인 사람들이 지성적인 사람들을 섬기는 사회 구조를 뜻한다. 신체적으로는 크고 힘이 세더라도, 권력·재물·조직·생산수단을 가진 것은 지성인들이기 때문이다. 결국 야성인은 그 밑에서 일하며 살아갈 수밖에 없는 것이 냉정한 사회적 현실이다.

사람들의 취향은 달라 어떤 이는 야성적인 에서 같은 인물에게, 또 다른 이는 지성적인 야곱 같은 인물에게 매력을 느낀다. 소설이나 드라마, 영화는 이 두 유형을 함께 등장시켜 독자가 선택하도록 유도한다. 예컨대 1995년에 큰 인기를 끌었던 드라마 〈모래시계〉에서는 싸움 잘하는 깡패 박태수(최민수)가 야성적 인물이라면, 공부 잘하는 검사 강우석(박상원)은 지성적 인물에 해당한다.

에서의 후손들은 가나안 땅 세일 산 일대를 중심으로 '에돔'이라는 나라를 세웠다. 세일(Seir)은 '관목이 무성한'이라는 뜻인데, 실제로도 바위와 관목이 많은 험준한 산악지대였다. 관목은 열매도 없고 목재로도 쓸 수 없어 그저 땔감으로만 쓰이는 나무다.

그런 땅에 살았다는 것은 곧 야성적인 사람들이 세상 한구석에서 험하고 거칠게 자신들만의 세계를 구축했다는 의미다. 현대적으로 비유하자면, 조폭 세계나 화류계, 도박꾼들이 살아가는 어둠의 세계와 비슷하다. 그곳에서 통용되는 가치관은 일반 사회의 가치와는 사뭇 다르다.

성서는 야곱과 에서의 대조를 통해 분명한 메시지를 전한다. 에서처럼 야성적인 사람들은 거칠고 힘든 삶을 살아가며, 결국은 드라마 〈모래시계〉의 박태수처럼 비극적인 결말을 맞이하기 쉽다. 반면 야곱처럼 지성적인 사람들은 배운 지식을 바탕으로 사회에 기여하며 안정되고 성공적인 삶을 산다.

인간을 동일하게 보지 않고 굳이 지성인과 야성인으로 나누는 이유는, 지성이 곧 힘이기 때문이다. 인간은 단순히 본능으로만 사는 동물이 아니라, 생각을 무기로 문명을 일군 존재다. 지성과 야성을 구분하고 그 의미를 분명히 이해할 때, 우리는 지성적인 삶을 선택하고 실제로 힘 있는 존재가 되는 길을 배울 수 있다.

먼저 생각하는 자,
나중에 생각하는 자

서구 정신세계를 떠받치는 두 축은 그리스 신화와 성서이다. 흥미롭게도 그리스 신화에도 성서 속 야곱과 에서와 성격이 비슷한 인물이 등장한다. 바로 '먼저 생각하는 자' 프로메테우스(Prometheus)와 그의 형제인 '나중에 생각하는 자' 에피메테우스(Epimetheus)다.

'먼저 생각한다'는 것은 어른스럽고 똑똑하게 여겨지며, '나중에 생각한다'는 것은 행동이 앞서고 아이 같으며 때로는 무책임하게 보인다. 프로메테우스는 어떤 일을 하든 지식과 사고를 우선시하는 인물로, 본래 사고력이 발달해 있고 풍부한 지식을 갖추고 있다. 이는 곧 지성인의 전형이라 할 수 있다.

반대로 에피메테우스는 생각을 뒤로 미루고, 지식을 습득하거나 활용하는 일을 귀찮아하거나 후순위로 여긴다. 그는 사고력보다는 본능과 직관이 발달한 인물이며, 이는 곧 야성적인 사람의 유형이다.

이런 구도는 성서의 야곱과 에서에게 그대로 반영된다. 실내에서 차분히 사유하는 야곱과 프로메테우스는 깊은 사고력과 풍부한 지식을 지닌 지성적 인물이다. 반면 산과 들을 누비며 사냥과 채집을 즐기는 에서와 에피메테우스는 본능과 직관을 앞세운 야성적 인물이다. 이들이 전혀 생각을 하지 않는 것은 아니지만, 복잡하고 사려 깊은 사고보다는 즉흥적이고 단순한 사고를 더 선호한다.

성서는 인류가 야곱과 같은 지성을 통해 고도로 발달한 문명의 혜택을 누리게 될 것을 예고한다. 그리스 신화는 이를 더욱 구체적인 상징으로 드러낸다. 프로메테우스가 신들의 불을 훔쳐 인간에게 가져다줌으로써 인류는 동물과 차원이 다른 삶을 살게 된 것이다.

불은 빛과 열을 낸다. 빛은 어둠을 몰아내 사물을 분명히 보게 하고, 혼돈을 정리해 질서 있는 세계를 만든다. 열은 음식을 익히고 금속을 가공해 인간에게 필요한 도구를 만든다. 만약 인류가 불을 일찍 사용하지 못했다면 오늘날의 문명은 결코 존재하지 못했을 것이다. 요리, 건축, 다리, 조명, 책, 무기, 농업, 운송, 화폐 등 거의 모든 문명의 기반은 불에서 비롯되었다. 전기나 반도체도 중요하지만 그보다 먼저 인류를 바꾼 것은 불이었다.

지식의 본질 또한 불과 같다. 지식은 무지의 어둠 속에 광명을 비추고, 자연을 가공해 문명을 발전시킨다. 결국 프로메테우스의 불은 지식을 상징하며, 그것이 곧 기술과 문화, 문명의 원천이 되었다.

성서와 그리스 신화는 표현 방식은 다르지만 공통된 메시지를 전한다. 인간은 야성과 지성을 함께 지니고 있으며, 그 가운데 지성과 지식을 통해 문명의 혜택을 누리게 된다는 것이다.

동물적인 삶과
인간적인 삶

세상에는 두 가지 삶의 방식이 있다. 하나는 본능이 이끄는 대로 움직이는 동물적 삶, 다른 하나는 사유하고 절제하며 미래를 향해 스스로를 조율해가는 인간적·지성적 삶이다. 겉으로 보면 둘 다 먹고 자고 일하며 살아가는 점에서 크게 다르지 않아 보인다. 그러나 이 둘 사이에는 마치 낮과 밤만큼이나 뚜렷한 간극이 있다.

동물은 오직 현재만을 산다. 배가 고프면 먹고, 피곤하면 눕고, 욕망이 일면 거침없이 움직인다. 순간의 충동과 감정이 삶의 방향을 정하고, 고통과 쾌락 앞에서는 한 치의 지연도 없다. 동물에게는 후회가 없고, 반성도 없다. 왜냐하면 그들의 삶은 자연의 질서 속에서 이미 완결된 프로그램처럼 주어져 있기 때문이다.

그러나 인간은 다르다. 인간에게만 주어진 힘은 지연(遲延)의 능력, 즉 '지금 하고 싶은 것'을 잠시 멈추고 '해야 할 것'을 선택하는 능력이다. 이 작은 능력이 문명을 만들고, 관계를 지키고, 미래를 설계하게 했다.

동물적인 삶의 분위기에서는 자기 배속에 음식을 많이 집어넣는 것이 지상최대의 과제다. 그러나 인간적인 삶은 타인의 배속에 음식을 넣어 줌으로써 오히려 내 뱃속에 더 많은 음식이 채워지는 특별한 구조를 보인다. 이 구조를 이해하고 잘 적응한 사람이 사회적 동물이며 보다 인간적인 사람이라 할 수 있다.

오늘 공부하는 이유는 오늘의 기쁨을 위해서가 아니라 내일을 향한 자신과의 약속 때문이다. 사람들이 인내하며 일하는 이유는 더 나은 삶을 향한 전망 때문이다. 이런 선택은 동물에게는 존재하지 않는 인간 특유의 지성의 작동이다.

동물적 삶은 순간적이지만 인간적 삶은 누적된다. 인간적인 삶을 사는 사람은 하루하루를 쌓아 올리며 자기만의 길을 만든다. 반대로 본능에 휩쓸리면 삶은 늘 제자리걸음이고, 욕망의 파도는 반복적으로 사람을 집어삼킨다. 인간은 단지 생존하는 존재가 아니라 의미를 창조하는 존재이기에, 순간의 쾌락만 좇는 삶은 곧 자기 존재의 깊이를 스스로 축소시키는 일이다.

지성적인 삶이란 고귀한 말처럼 들리지만 사실은 단순하다. 오늘 해야 할 일을 내일로 미루지 않고, 감정에 휘둘리지 않으며, 미래의 자신을 위해 지금의 나를 키워가는 삶이다.

타인의 아픔을 이해하고, 자신의 행동을 성찰하며, 더 나은 선택을 고민하는 그 모든 순간이 인간을 인간답게 만든다. 이는 결국 동물적 충동에 스스로를 내맡기지 않고, 나의 삶을 책임 있게 이끄는 선택이다.

우리는 부단히 자기 관리 노력을 하지 않는 이상 인간 세상이라는 영역에 잘못 들어온 동물 같은 존재로 살아갈 수밖에 없다. 이런 사람들이 생각보다 많기에 우리는 주변에서 "네가 그러고도 사람이야"라는 말을 자주 듣게 된다.

누구나 동물적 본능을 가지고 태어나지만, 그 본능을 넘어 지성의 높이로 올라가는 훈련을 통해 비로소 인간다운 삶을 살아갈 수 있다. 하루의 작은 절제, 한 번의 깊은 사유, 한 걸음의 성찰이 모여 우리를 더 충실한 존재로 만든다.

인간으로 태어났다는 사실만으로 인간적인 삶이 보장되지는 않는다. 지성적이고 책임 있는 선택을 이어가는 사람만이, 비로소 인간다움의 품격을 갖추며 자기 삶의 주인이 된다. 에서보다는 야곱 같은 탐(tam)스러운 사람으로 살아가야 할 충분한 이유다.

팥죽과 장자권,
고대 사회의 마시멜로 실험

- 지혜로운 자는 한 끼의 팥죽을 거절하고, 한 생의 장자권을 기다린다

마시멜로
실험

우리가 사람을 만날 때 그 사람이 에서 같은 야성적인 사람인지 야곱 같은 지성적인 사람인지는 비교적 쉽게 알 수 있다. 그러므로 사람을 이러한 두 부류로 구분하는 것 자체가 중요한 것은 아니다. 보다 중요하고 실질적인 문제가 되는 것은 어떻게 해야 지성적인 사람이 되느냐 여부다.

이에 대한 첫 번째 해답이 바로 야곱과 에서가 팥죽과 장자권을 맞바꾼 사건이다. 어느 날 사냥에서 돌아온 장남 에서는 허기에 지쳐 달콤한 팥죽 한 그릇과 자신의 거대한 장자권을 바꾸는 어이없는 선택을 했다. 이 이야기는 현대인에게도 잘 알려진 마시멜로 실험과 유사한 메시지를 담고 있다. 따라서 먼저 그 실험 내용을 간단

히 살펴볼 필요가 있다.

1960년, 스탠퍼드 대학의 심리학자 월터 미셸(W. Mischel)은 네 살 아동들을 대상으로 '만족 지연(참을성)' 실험을 진행했다. 그는 아이들을 한 명씩 방에 두고 접시에 놓인 마시멜로를 보여주며 말했다. "이 마시멜로를 지금 바로 먹어도 된다. 하지만 내가 돌아올 때까지 먹지 않고 기다리면 두 개를 먹을 수 있다."

선생님은 마시멜로 하나를 남겨둔 채 방을 나갔고, 15분 뒤 돌아와 아이들의 선택을 확인했다. 어떤 아이들은 곧바로 먹어치웠고, 어떤 아이들은 끝까지 참아냈다.

그 후 15년이 지나 미셸 박사는 이 아이들을 다시 추적 조사했다. 기다림에 성공했던 아이들은 학업 성취도와 대인관계에서 두각을 나타냈다. 반면 참지 못했던 아이들은 약물 중독이나 사회 부적응 문제를 겪는 경우가 많았다. 그는 1981년, "어린 시절 인내심을 발휘한 아이들이 성인이 되어서도 성공적인 삶을 살 가능성이 크다"는 연구 결과를 발표했다.

마시멜로 실험은 인간이 당장의 쾌락을 취할 것인가, 아니면 참아서 더 큰 이익을 얻을 것인가라는 선택의 문제를 잘 보여준다. 그렇다면 왜 인간에게 이런 선택 상황이 생겨났을까? 생각하는 기능을 발달시킨 인간과 본능적으로 살아가는 동물의 삶의 방식에 근본적인 차이가 생겼기 때문이다.

야생에서 동물은 매일 먹이를 찾아다니며 포식자를 경계해야 살아남는다. 반면 인간은 사고력을 바탕으로 농사, 수확, 건축, 생산 등 긴 시간이 필요한 문명을 구축했다. 인간 사회는 눈앞의 이익보다 장기간의 지식 축적과 기술 습득을 중시하고, 그 대가로 안정적인 보상을 얻게 되는 구조다.

그러나 인류의 선조는 수십만 년 동안 동물과 마찬가지로 눈앞의 먹잇감을 우선 취하며 살아왔다. 사냥에 성공하면 최대한 빨리 먹어야 했고, 그렇지 않으면 다른 사람이나 포식자가 빼앗아갔다. 이런 본능이 오늘날까지 DNA 속에 남아 있어, 우리는 여전히 당장의 이익에 쉽게 흔들린다. 결국 인간은 크게 두 부류로 나눌 수 있다.

- 충동적이며 본능적으로 눈앞의 이익을 좇는 사람들
- 욕구를 절제하고 장기적 목표를 추구하는 사람들

마시멜로 실험 결과처럼 후자가 훨씬 안정적이고 성공적인 삶을 산다. 공부에서도 두 부류는 차이를 보인다. 마시멜로를 참지 못한 아이들은 집중력이 부족하고 공부보다 놀기에 몰두한다. 반면에 먹고 싶은 욕구를 잘 참아낸 아이들은 힘들어도 꾸준히 책상 앞에 앉아 공부한다. 결국 성적과 학력의 격차는 점점 벌어지고, 인내심을 가진 아이들이 사회적으로 더 인정받는다.

팥죽과 장자권

현대 사회에 마시멜로 이야기가 있다면, 구약 시대에는 그 원조 격인 야곱과 에서의 팥죽 사건이 있다. 어느 날 야곱이 붉은 팥죽을 쑤고 있을 때, 사냥에서 지쳐 돌아온 에서가 배고픔을 못 이겨 팥죽을 달라고 했다. 야곱은 장자권과 바꾸자고 제안했고, 에서는 "배고 픈데 장자권이 무슨 소용이냐"며 맹세까지 하며 권리를 넘겼다.

당시의 '팥죽'은 사실 콩, 야채, 고기 등을 넣고 올리브 기름에 끓 인 중동 음식 '무제데라(mujedderah)'였다. 붉은색의 자극적인 이 죽 은 즉각적이고 일시적인 이익을 상징한다. 반면 장자권은 재산과 지 위, 권력을 보장하는 장기적이고 안정적인 권리였다.

성서는 팥죽을 택한 에서를 충동적이며 참을성 없고 근시안적인 인물로 묘사한다. 이와 같은 성격은 동물의 세계와 구조가 판이하 게 다른 인간 세상에서는 커다란 약점이 된다. 그 결과 장자권 같은 커다란 권리와 이익을 놓치게 된다.

반면에 장자권을 선택한 야곱은 승자이자 미래지향적인 인물로 묘사된다. 흥미롭게도 야곱은 장자권을 얻었지만 실제로 아버지 이 삭에게서 재산이나 지위를 직접 물려받지 못했다. 오히려 축복만 받 고 20년간 타향살이를 하며 고생했다.

따라서 성서가 말하는 장자권은 단순히 가정 내 첫째의 권리가 아니다. 사회 전반에서 더 많은 것을 소유하고 권력을 지니며, 큰일 을 감당하는 지도자나 지식인의 권리라 할 수 있다.

오늘날에도 정치, 경제, 학문, 문화 등 각 분야의 리더들은 사회적 장자권을 지니며, 이는 공부와 노력으로 얻는 경우가 많다. 세상은 이들에게 더 많은 권력과 부, 명예를 부여한다. 반대로 에서와 같은 반지성적 태도를 가진 사람들은 권리와 혜택에서 밀려나며 좌절과 패배의 삶을 살게 된다.

오늘날 도박꾼들은 대표적인 '팥죽형 인간'이다. 당장의 짜릿함을 위해 가정을 버리고 도박에 빠진다. 영화나 드라마 속에서도 "이번

한 번만 대박 나면 된다"는 인물이 자주 등장하는데, 이는 결국 에서와 같은 충동적이고 근시안적 태도를 상징한다.

마시멜로 실험과 성경 이야기는 같은 교훈을 준다. 즉각적 쾌락에 굴복한 에서와 마시멜로를 먹은 아이 같은 사람들은 근시안적이며 일을 벌여도 실패 가능성이 크다. 욕구를 절제하고 장기적 목표를 추구한 야곱과 마시멜로를 참은 아이 같은 사람들은 성실한 노력 끝에 권력과 부, 명예를 얻게 된다.

야곱과 에서의 팥죽 사건과 마시멜로 실험은 시대와 문화는 다르지만 어떻게 살 것인가에 대한 똑같은 메시지를 전한다. 눈앞의 작은 이익에 흔들리지 말라. 인내와 지성을 바탕으로 장기적인 비전을 선택을 해서 세상의 승리자가 되라는 것이다.

장자권이
밥 먹여 주냐

에서가 야곱에게 팥죽 한 그릇을 얻기 위해 장자권을 팔 때 이렇게 말했다.

> "내가 배고파 죽게 되었는데, 장자권 따위가 무슨 소용이 있겠느냐?"

우리 식으로 표현하면 "장자권이 밥 먹여 주냐?"라는 말이다. 이는 눈앞의 이익만을 좇으려는 사람들이 스스로를 합리화하기 위해 내세우는 얄팍한 논리에 불과하다.

학문, 운동, 노래, 연기, 사업, 정치 등 어느 분야에서든 정상에 오르려면 오랜 시간의 노력과 인내가 필요하다. 장자권을 얻고자 하는 사람들은 팥죽이 상징하는 당장의 만족이나 쾌락을 참고 미래를 위해 기다린다. 그러나 이를 지켜보는 주변 사람들은 종종 비꼬듯 말하곤 한다. "공부한다고 밥이 나오냐?", "노래나 운동한다고 당장 떡이 생기냐?"

에서 같은 사람은 장기적인 목표를 세우고 최고가 되려는 욕망이 부족하다. 그저 하루하루 먹고사는 일에 급급할 뿐이다. 그래서 그는 "배고파 죽겠는데 장자권이 무슨 소용이냐?"라며 스스로를 합리화하고 팥죽을 선택했다.

현대 사회에서도 비슷한 모습을 볼 수 있다. 마시멜로 실험에서 눈앞의 달콤한 마시멜로를 참지 못하고 먹어버린 아이들은 에서와 같은 태도를 보인 셈이다. 그들에게는 눈앞의 마시멜로가 전부였고, 미래에 더 많은 보상이 주어진다는 사실은 눈에 보이지도, 의미 있지도 않았다.

야생에서 살아가는 동물들에게는 눈앞의 먹잇감을 붙잡는 일이 생존과 직결된다. 먹이를 놓치면 다시 언제 배를 채울 수 있을지 알 수 없기 때문이다. 그래서 동물적 본능에 사로잡힌 사람들은 "장자권이 밥 먹여 주냐?"라며 항변하게 된다.

그러나 인간은 단순히 생존에 머무는 동물이 아니라 문명사회를 살아가는 존재다. 따라서 인간답게 살아가려면 그 구조에 맞는 삶의 방식이 필요한 법이다.

인생을 가르는
선택

　오늘날 지구상에는 약 80억 명의 인구가 살아간다. 이들을 크게 두 부류로 나눌 수 있다. 팥죽을 선택한 에서와 같은 그룹, 그리고 장자권을 선택한 야곱과 같은 그룹이다. 여기서 중요한 것은 다른 사람들이 어느 그룹에 속하는지가 아니라, 나 자신이 어떤 그룹에 속하는지, 그리고 내 자녀가 어떤 그룹에 속하도록 길러야 하는지이다.

　팥죽을 택한 사람들, 즉 눈앞의 이익에만 급급한 사람들은 성공이나 주류 사회와는 멀리 떨어져 살게 된다. 반면 장자권을 선택한 사람들, 즉 눈앞의 유혹을 이겨내고 미래를 준비하는 사람들은 사회에 잘 적응하며 엘리트로 성장하고 안정된 삶을 살아간다.

　생활 수준이 안정된 지역에서는 자녀 교육에 관심이 많은 부모들이, 휴일에 자녀 손을 잡고 도서관에 같이 가서 책을 보기에 도서관이 가득 차곤 한다. 배움을 통해 자녀들이 미래에 사회적 장자권을 얻어 행복하게 살 수 있도록 차분히 대비해 나가는 것이다. 결국 팥죽과 장자권 중 무엇을 선택하느냐에 따라 부와 명예, 지위, 배우자 등 인생의 대부분이 결정되는 것이 현실이다.

　인간은 생각하는 기능을 선택해서 동물과 차원이 다른 삶을 산다. 장자권을 선택하는 사람은 팥죽형 인간과 차원이 다른 삶을 산다. 생각하는 기능이 인간과 동물을 구분 짓듯이, 장자권을 선택하는 것은 인간 세상의 주류와 비주류를 구분짓는다.

　대체로 에서와 같은 야성적인 부류는 팥죽을 선택하는 경향이 있고, 야곱처럼 지적인 부류는 장자권을 선택한다. 성서는 에서와 야곱 이야기를 제시하며 우리에게 묻고 있다. "당신은 과연 어떤 그룹에 속할 것인가?"

현대 사회에 더 절실한 장자권의 길

세상은 에서와 야곱 이야기가 아니더라도 오래전부터 장자권 선택의 중요성을 강조해 왔다. 다만 지식과 기술이 보잘것없던 고대에도 그러했는데, 오늘날은 그보다 훨씬 복잡하고 전문화된 사회이므로 장자권 선택은 더욱 절실해졌다.

현대 사회에서 두각을 나타내려면 팥죽 대신 장자권을 선택하고 꾸준히 정진해야 한다. 축구·야구 선수, 항공기 조종사, 피아니스트나 바이올리니스트, 판검사·변호사, 물리학자, 의사 등은 장자권을 선택한 대표적 사례이다. 이들은 어린 시절부터 당장의 유혹을 포기하고 실력을 갈고닦았기에 지금의 위치에 올랐다.

반대로 에서와 같은 사람들이 여전히 많이 있다. 그들은 끝없는 욕망 때문에 팥죽의 유혹을 물리치지 못하고, 지식과 기술 대신 도박이나 주식 단타 매매로 일확천금을 꿈꾼다. 운 좋게 돈을 거머쥘 수도 있지만, 이는 지식과 실력을 쌓아 사회 각 분야에서 최고 자리에 오른 사람들이 얻는 부와는 비교조차 되지 않는다. 장자권을 가진 사람들은 기업을 세워 수천억, 수조 원의 자산을 쌓기도 하지만, 팥죽을 선택한 사람들에게는 꿈도 꿀 수 없는 일이다.

팥죽과 장자권의 길은 결국 삶의 정체성을 드러낸다. 지금까지 내가 팥죽을 선택해 왔다면 사회의 변두리에서 힘겹게 살아왔을 가능성이 크다. 반대로 장자권을 추구했다면 세상의 중심에서 기반을 쌓고 영향력을 넓혀가고 있을 것이다.

부모가 먼저 장자권의 길을 선택하고 모범을 보여야 자녀에게도 올바른 길을 물려줄 수 있다. 또한 사람됨을 판단할 때도, 그가 팥죽형인지 장자권형인지를 살펴보면 된다.

팥죽과 장자권 선택, 그 중요성에 대해서 그럴 수도 있겠다며 가볍게 넘길 문제가 아니다. 이것에 따라 한 사람의 지속적인 관심과 열정, 인내심, 근면성실성 등이 결정되기 때문이다. 이 개념을 제대로 이해하고 삶에서 적용해 나가는 사람은 기본적으로 자기 앞가림을 하는 사람에 해당한다. 그렇게 되면 만권의 책과 열 스승이 부럽지 않을 것이다.

"너 자신을 알라"는 말은 결국 여기에 닿는다. 내가 팥죽을 추구하는 사람인지, 장자권을 추구하는 사람인지 아는 것, 그것이 진정한 자기 인식이며, 삶을 바꾸는 디테일한 첫걸음이다.

팥죽과 장자권 이야기의
지평을 넓힐 필요가 있다

야곱과 에서의 이야기는 단순한 형제간의 다툼이 아니다. 그것은 모든 나라의 국민들에게 적용되는 이야기로써, 인간이 어떤 삶의 방향을 선택하느냐에 대한 상징적 이야기다. 팥죽 한 그릇을 택한 에서는 즉각적인 만족과 단기적 이익의 인물이고, 장자권을 선택한 야곱은 근면성실함과 미래지향적 사고의 인물이다.

이 두 선택의 대비는 오늘날 한 개인의 인생뿐 아니라, 한 나라의 운명을 가르는 중요한 비유가 될 수 있다. 팥죽을 택하는 사람이 많은 나라는 대체로 눈앞의 이익에 급급하기 마련이다. 단기성과에 집착하고, 깊은 연구나 장기투자를 경시한다. 그 결과는 언제나 같다. 순간적인 풍요 뒤의 쇠락, 일시적인 성취 뒤의 불안정이다.

반면 장자권을 선택하는 사람이 많은 나라는 다르다. 그들은 기다릴 줄 알고, 씨앗을 심으며, 아직 보이지 않는 미래의 결실을 준비한다. 그런 국민이 많을수록 그 나라는 경제, 과학기술, 학문, 예술, 정치, 군사 등 전 분야에서 안정적인 번영을 이루며 세계의 리더로 성장한다.

교육의 목적은 바로 여기에 있다. 진정한 교육은 지식을 전달하는 데 그치지 않고, 삶의 방향을 결정할 수 있는 사고의 틀을 심어주는 일이다. 각 나라의 교육제도는 나름대로 이런 이상을 추구하고 있지만 문제가 있다. 정작 그 뿌리 깊은 철학이라 할 수 있는 '팥죽적 삶'에서 벗어나 '장자권적 삶'을 선택하게 하는 근본정신은 잘 가르쳐지지 않는다.

아이들은 성적과 경쟁 속에서 '즉시의 팥죽'을 배우지만, 장기적 안목과 축적의 가치, 즉 '장자권의 철학'을 배우지 못한다. 한 나라의 흥망은 거창한 구호로 정해지지 않는다. 오히려 한 편의 이야기, 하나의 비유, 한 문장의 철학이 국민의 정신 속에 깊이 뿌리내릴 때 변화가 시작된다.

팥죽과 장자권의 이야기는 그럴 만한 힘을 가진 이야기다. 아이들에게 이 이야기를 들려주는 것은 단순한 성경교육이 아니라, '어떤 인간으로 살 것인가'라는 삶의 방향성을 심어주는 국민교육의 출발점이 될 수 있다.

국가의 진정한 부강은 천연자원이나 기술력보다, 미래를 위해 현재의 팥죽을 참을 줄 아는 국민의 지성에서 비롯된다. 야곱적인 국민이 많은 나라, 즉 장자권을 지키는 국민이 많은 나라는 반드시 번영한다.

이 작은 이야기 하나가 나라의 기풍을 바꾸고, 한 세대의 사고방식을 바꿀 수 있다. 그것이 바로 팥죽과 장자권 이야기를 전 국민의 이야기로 만들어야 하는 이유다.

부모의 근심거리였던
불량청소년 에서

- 훈육은 억압이 아니라, 길 잃은 야성을 지성의 길로 이끄는 손길이다

사춘기, 자식 기르는 부모가
치르는 두 번째 전쟁

고대든 현대든 부모는 자녀를 키우며 두 번의 큰 전쟁을 치른다. 첫 번째는 유아기와 아동기다. 아이는 스스로 할 수 있는 것이 거의 없어 부모의 손길이 늘 필요하다. 먹이고, 입히고, 씻기고, 안아주는 일로 하루가 훌쩍 지나간다. 그래서 아프리카 속담에 "한 아이를 키우려면 온 마을이 필요하다"는 말이 생겨난 것이다.

그 다음 찾아오는 것은 두 번째 전쟁, 사춘기라는 전쟁이다. 이 시기의 자녀는 신체적으로는 어른이 되어가지만 정신적으로는 미숙하여 반항심을 보인다. 부모의 말 한마디에 짜증을 내고, 자기 방에 틀어박혀 나오지 않으며, 친구들과 어울려 사고를 치기도 한다. 이 때 부모는 육체적으로는 덜 힘들지만, 정신적으로는 깊은 상처와 스

트레스를 받는다.

야곱과 에서의 부모인 이삭과 리브가 역시 이런 전쟁을 치렀을 것이다. 성서에는 에서가 헷 족속 브에리의 딸 유딧과 엘론의 딸 바스맛을 아내로 맞이했는데 이를 본 부모가 크게 근심했다고 기록되어 있다. 이것은 두 여인의 행실이 바르지 못하고 부정적임을 암시하고 있다. 예나 지금이나 자식이 좋은 여성을 아내로 들였다면 축복할 일이지, 근심할 리 없기 때문이다.

성서는 두 여인의 구체적인 행실을 전하지 않지만 그들의 출신만으로도 이삭과 리브가가 걱정한 이유를 짐작할 수 있다. 두 여인은 헷 족속, 곧 히타이트(Hittite)[1] 사람으로, 고대 세계 최초로 철기 문명을 발전시킨 강력한 민족이었다. 그들은 뛰어난 무기와 전차를 앞세워 주변 민족을 침략하고 약탈했기에 가나안 사람들에게 두려움과 공포의 상징이었다.

'헷(Heth)'은 히브리어로 '헤트(Cheth)'라 하며, "두려움"을 뜻한다. 이는 "깨다, 부수다, 망가뜨리다, 꺾다"를 의미하는 '하타트(chathath)'에서 유래한다. 결국 헷은 '부수고 망가뜨리는 자', 곧 거칠고 야만적인 사람을 의미한다.

우리식으로 표현하자면, 헷 족속은 예로부터 '북방의 오랑캐', '바다 건너 해적 떼'와 같은 존재였다. 현대적으로 바꾸면 '후레자식, 불량배, 개망나니'와 같은 부정적 이미지를 상징한다.

◇ ◇ ◇

[1] 기원전 2000년 무렵 소아시아에 나라를 세운 인도·유럽 어족에 속하는 고대 민족으로 철제무기와 전차를 사용해서 그 일대를 정복해 크게 세력을 떨쳤다. 이집트 람세스 2세와 대결전을 치르기도 했으며 기원전 12세기에 이웃 여러 민족의 침입을 받아 멸망했다.

성서 속 헷 족속은 단순한 민족명이 아니라, 두려움을 주는 파괴적인 인간형을 상징한다고 할 수 있다. 에서가 바로 이런 족속의 여인들과 결혼했다는 것은 단순한 결혼이 아니라 불량한 삶의 선택을 상징한다. 오늘날로 보면, 공부는 뒷전이고, 충동과 본능에 이끌려 사고를 치는 사춘기 불량청소년의 모습과 같다. 이성보다 감정이 앞서고, 이성적 절제 대신 본능적 욕망을 좇는 삶이다.

그런 자식을 둔 부모의 마음은 말할 수 없이 고통스럽다. 처음엔 타이르고, 나중엔 화내고, 그래도 달라지지 않으면 결국 지쳐서 "없는 셈치고 살자"는 체념에 이르기도 한다.

에서의 이야기는 단순히 고대 족보 이야기가 아니다. 그는 인간의 본능적 반항심과 미성숙한 욕망의 상징이다. 그리고 그를 근심의 눈으로 바라보는 이삭과 리브가는 오늘날의 부모, 곧 우리 자신의 모습이다.

사춘기 청소년의 성적인 일탈

에서의 첫 번째 아내 유딧(Judith)은 헷 족속 사람 브에리(Beeri)의 딸이었다. 브에리는 이름 그대로 '우물에 속한 자', 혹은 '샘물이 나는 사람'을 뜻한다. 표면적으로는 생명력과 풍요를 상징하는 좋은 이름이지만, 그가 헷 족속 출신이기에 성서는 그를 야만적이고 불순한 기질의 사람으로 묘사한다.

유딧 역시 이름의 뜻만 보면 '찬양하다, 감사하다'라는 의미로 아름답지만, 그녀 역시 헷 족속의 피를 이어받았다는 점에서 성서는 부정적인 평가를 내린다. 에서가 이런 여인을 아내로 맞이했을 때, 그의 부모인 이삭과 리브가가 근심했던 이유가 여기에 있다. 외형적으로는 아무 문제없어 보이는 결혼이었지만, 그 내면에는 야만적 본능과 방탕함이 도사리고 있었던 것이다.

먼저 우물과 샘의 상징성에 대해 살펴볼 필요가 있다. 잠언 5장 15절에서 18절까지는 이렇게 말한다.

"너는 네 우물에서 물을 마시며 네 샘에서 흐르는 물을 마셔라. 어찌하여 네 샘물을 집 밖으로 넘치게 하며 네 도랑물을 거리로 흘러가게 하겠느냐. 그 물이 네게만 있게 하고 타인과 더불어 그것을 나누지 말라. 네 샘으로 복되게 하라. 네가 젊어서 취한 아내를 즐거워하라."

표면적으로 보면 우물과 샘을 혼자만 쓰라는 이 구절은 일반적인 도덕관념에 어긋나 보인다. 하지만 성서에서 '우물'과 '샘'은 단순한 물의 원천이 아니라 아내와 성생활, 즉 성적 관계를 상징하는 은유로 자주 쓰인다.

'네 우물의 물을 마시라'는 것은 자신의 아내와의 관계에 충실하고 외도하지 말라는 뜻이다. 반대로 '샘물을 밖으로 넘치게 한다'는 것은 아내로 하여금 밖으로 나돌게 한다는 의미이다. 자기 아내에 대해 사랑과 관심을 주지 않으니 아내가 밖으로 나가고 외도를 할 수 있다. 아내를 사랑하고 아껴서 남편만 알게 하고 타인과 더불어 나누지 말라는 것이다.

따라서 브에리가 의미하는 '샘'은 인간 내면의 성적 욕망을 상징한다. 그의 딸 유딧이 '찬양하다'라는 이름을 지녔다는 것은, 결국 성적인 욕망을 찬양하거나 그 쾌락에 사로잡힌 상태를 상징적으로 보여준다고 할 수 있다.

이러한 에서의 삶은 사춘기 청소년의 모습과 겹쳐진다. 그는 장자권이라는 장기적인 가치보다, 당장의 욕구 충족을 더 중요시했다. 이와 비슷하게 사춘기의 청소년들은 공부보다 즉각적인 쾌락, 특히 성적 호기심에 쉽게 끌린다. 사춘기에는 성호르몬이 분비되며 닫혀 있던 '성의 샘'이 열리기 시작한다. 자신의 신체와 성적인 변화에 관심을 갖게 되고, 자연스레 자위행위를 시작하기도 한다.

이것은 인간 성장 과정에서 누구나 겪는 자연스러운 일이다. 하지만 문제는 이 욕망이 통제되지 못할 때 발생한다. 사춘기의 성욕은 때로 폭풍처럼 몰아쳐 자아를 괴롭히고, 억제하지 못하면 성도착, 중독, 성매매, 성폭력, 혹은 이른 임신과 같은 일탈로 이어질 수 있다. 이런 이유로 성서는 에서의 결혼을 단순한 혼인 문제가 아닌 도덕적 자제력의 붕괴로 해석하며, 이삭과 리브가가 큰 근심에 빠졌다고 전한다.

성서에서 언급되는 브에리와 엘론이라는 이름 자체는 나쁜 뜻이 아니다. 문제는 그들이 헷 족속, 즉 문명화되지 않은 야만족의 후손이었다는 점이다. 성서는 이를 반복적으로 강조하며, 에서의 아내들을 "헷 족속 브에리의 딸 유딧", "헷 족속 엘론의 딸 바스맛"이라 표현한다. 굳이 '헷 족속'이라는 수식어를 반복한 이유는 그들의 뿌리가 불순한 욕망과 방종의 상징이라는 점을 드러내기 위함이다.

한편, 같은 이름이라도 헷 족속이 아닐 경우 전혀 다른 의미로 쓰인다. 예컨대 선지자 호세아의 아버지도 브에리였고, 이스라엘을 10년간 다스린 사사 엘론 역시 같은 이름을 지녔지만, 그들에게는 야만인의 이미지가 붙지 않는다. 결국 문제는 이름 그 자체가 아니라, 어떤 가치와 혈통 위에서 그 이름이 쓰였는가에 달린 것이다.

에서의 결혼 이야기는 단순히 한 남자의 사랑 이야기가 아니라 인간 내면의 본능과 이성, 욕망과 절제의 문제를 다룬 이야기다. 브에리의 '샘'은 인간이 가진 자연스러운 욕망이지만, 그 욕망이 찬양과 쾌락으로만 흐를 때, 그것은 파괴적인 힘이 된다. 사춘기 청소년에게 필요한 것은 성을 부정하는 것이 아니라, 그 샘의 흐름을 올바른 방향으로 다스릴 지혜를 배우는 일이다.

싸움과 조폭을
동경하는 청소년들

에서의 두 번째 아내 바스맛(Basemath)은 헷 족속 엘론(Elon)의 딸이었다. 엘론은 히브리어로 '상수리나무'를 뜻한다. 이는 '힘이 센 것, 우두머리, 숫양'을 뜻하는 히브리어 '아일(ayil)'에서 유래했다. 한편 바스맛은 '향기'를 의미한다. 향기는 사람을 취하게 만든다. 따라서 바스맛은 '힘이 센 자의 향기에 취한 여인', 즉 힘과 권위, 지배욕에 매혹된 존재를 상징한다.

사춘기 시절의 청소년 중에는 이런 '향기'에 쉽게 끌리는 이들이 많다. 그들은 지성이나 품격보다 싸움을 잘하고 두목 행세를 하는 사람에게 열광한다. 거친 언행과 싸움의 무용담, 폭력적 카리스마는 그들의 눈에 일종의 영웅으로 비친다.

이들은 그런 인물의 향기에 취해, 때로는 폭력 서클이나 조직폭력배에 발을 들이기도 하고, 음주·흡연·절도·폭행 등 성인 범죄에 가까운 일탈행위를 저지르기도 한다. 에서가 힘이 센 엘론의 딸 바스맛을 아내로 맞이했을 때, 부모인 이삭과 리브가가 근심했던 이유가 여기에 있다. 에서와 같은 불량한 기질의 아들을 둔 부모라면 오늘날에도 학교나 경찰서를 들락거리며 밤새 자식 걱정에 잠을 이루지 못하는 현실을 겪게 된다.

이런 비행 청소년의 문제는 현대 사회만의 이야기가 아니라 야곱과 에서가 살던 신화적 시대부터 존재해 온 인간 본성의 문제였다. 기원전 1,700년경 수메르 점토판에도 '에서 같은 아들을 훈계하는 아버지의 기록'이 남아 있다.

> "왜 학교에 가지 않고 빈둥거리는 것이냐? 제발 철 좀 들어라. 왜 그렇게 버릇이 없느냐? 선생님께 공경을 표하고 인사드려라. 수업이 끝나면 왜 집으로 오지 않고 배회하느냐? 내가 너더러 다른 아이들처럼 나무를 패거나 밭을 갈라고 했느냐? 글을 배우는 것이야말로 최고의 재능이다. 글을 알아야 지식을 받고, 지식을 전할 수 있는 법이다."

이 기록은 수천 년 전에도 사춘기 청소년의 게으름, 반항, 공부 기피가 사회적 문제였음을 보여준다. 사춘기는 본능적 욕구와 독립심이 강하게 솟구치는 시기다. 이 시기를 잘못 보내면, 하나님이 예언한 두 민족 중에서 야성적 본능에 지배된 에서의 후손으로 살 가능성이 높아진다. 성적으로 방탕하고 폭력적인 문화를 동경하며 무리 지어 다니다 보면, 학업과 미래에 대한 관심은 점점 사라진다.

만약 인간이 오늘날처럼 문명화되지 않고, 여전히 야생의 들판에서 살았다면

에서의 행동은 전혀 문제가 되지 않았을 것이다. 그는 오히려 강하고 생식력이 뛰어난 수컷으로서 칭송받았을지도 모른다. 야생의 세계에서 성적 욕망과 지배욕은 생존과 번식의 본능이기 때문이다. 자신의 후손을 남기기 위해 공격성을 드러내고, 짝짓기 권리를 독차지하기 위해 두목이 되려는 행동은 자연스러운 본능이다.

사춘기의 성적 방종과 폭력성, 조폭 두목에 대한 동경이 한 세트로 묶이는 이유가 여기에 있다. 하지만 인간은 다른 동물과 달리, 지성의 발달에 따라 사회집단이 커지고 복잡해졌다. 그만큼 질서유지를 위해 성적 욕망과 폭력적 경쟁을 제한할 필요가 생겼다. 이로써 '힘센 자가 짝짓기를 독점하던 시대'는 끝나고, 문명사회에서는 이성적 통제와 규범이 그 자리를 대신하게 되었다.

그럼에도 불구하고 일부 사춘기 청소년들은 여전히 이 원시적 본능의 향수 속에서 살아가며, 폭력과 힘을 통해 자신을 증명하려 한다. 성서는 이런 사춘기의 혼란과 본능적 욕망을 '에서가 헷 족속 여인들을 아내로 맞이한 사건'으로 상징적으로 표현한다. 이를 통해 고대 사회나 현대 사회나 사춘기란 결국 질풍노도의 시기임을, 그리고 그 시기를 어떻게 넘기느냐가 성숙한 인간으로 성장할 수 있는 관문임을 알려준다.

일부는 반론을 제기할지도 모른다. "성서에서 에서는 이미 40세였다. 어찌 사춘기 청소년으로 볼 수 있겠는가?" 그러나 성서의 인물

들은 수명이 매우 길었다. 야곱이 147세까지 살았듯, 에서도 150세 안팎까지 살았다고 가정할 수 있다. 인생의 사 분의 일에 해당하는 13~17세가 사춘기라면, 150년 수명을 기준으로 할 때 40세 전후가 사춘기에 해당한다.

결국 성서는 에서의 나이를 문자적으로가 아니라, 인생의 성장 단계로 비유한 것이다. 즉, 사춘기의 방황과 일탈, 그리고 그것을 이겨내야만 하는 인간의 내적 성장을 상징적으로 보여주는 이야기라 할 수 있다.

에서의 이야기는 단순한 고대 족보가 아니다. 그는 인간의 본능적 충동, 사춘기의 폭발적인 힘, 그리고 그 힘을 다스릴 줄 아는 지성의 중요성을 보여주는 영원한 청소년의 초상이다. 싸움과 폭력의 향기에 취하지 않고, 이성의 향기로 자신을 가꾸는 청소년만이 야성에서 지성으로 나아가는 진정한 성장을 이룰 수 있다.

사춘기는 어린이 상태에서 어른으로 건너가는 다리

사춘기 자녀를 둔 부모들은 이 시기에 마음고생을 많이 한다. 그러나 실은 부모보다 당사자인 청소년들에게 더 절박한 시기다. 사춘기는 단순히 감정 기복이 심해지는 시절이 아니라, 인생의 방향을 결정하는 분기점이다. 사춘기가 인생을 불가역적으로 결정짓진 않지만 어른 세상으로 진입하는 대전환점의 역할을 하기에 중요하다.

이 시기를 어떻게 통과하느냐에 따라 사회 속에서 스스로를 지탱할 수 있는 지성인으로 성장할 수도 있고, 혹은 방황과 후회로 가득 찬 삶을 살아갈 수도 있다. 그래서 성서에서도 에서의 사례를 통해 사춘기 본능을 어떻게 다루어야 하는지를 상징적으로 보여주고 있다고 할 수 있다.

사춘기는 어린 시절의 무책임함에서 성숙한 어른으로 넘어가기 위한 다리와 같다. 그런데 이 다리는 생각보다 매우 미끄럽다. 야성적인 본능이 강한 사람일수록 그 위험은 더 커진다.

에서처럼 즉각적인 쾌락과 충동을 좇는 마음은 성적인 욕망, 자극적인 즐거움, 친구 집단 속에서의 인정 욕구, 허세와 영웅심리 등으로 나타난다. 이런 욕망들은 강렬하기 때문에 한번 빠지면 공부, 자기 관리, 미래 설계는 뒷전으로 밀려난다. 그렇게 되면 다리 중간에서 발을 헛디뎌 추락하는 일이 일어난다. 그리고 한 번 떨어지면 다시 올라오기가 매우 어렵다.

사춘기를 제대로 건너지 못하면 성인이 되어서 문제가 드러난다. 겉모습만 보면 멀쩡할 수 있다. 그러나 사회가 요구하는 책임감, 감정 조절, 자존감, 자기 관리 능력이 갖춰지지 않는다. 직장 생활, 인간관계, 결혼 생활 같은 현실적인 문제 앞에서 흔들리기 쉽다.

사춘기의 결핍은 시간이 지나면 저절로 해결되는 병이 아니라, 언제든 발목을 잡는 약점이 된다. 그래서 사춘기는 '그때 조금 더 노력했으면', '그때 제대로 잡아줬으면' 하고 평생 후회를 낳을 수 있는 시기다.

그렇다면 어떻게 해야 이 다리를 무사히 건널 수 있을까? 핵심은 무엇을 바라보게 하느냐다. 눈앞의 쾌락과 자극이 아니라, 내일의 나를 바라보는 힘, 즉 비전을 갖게 해주는 것이다. 비전은 단순한 목표가 아니다. 자기가 왜 공부해야 하는지, 왜 자기 관리를 해야 하는지, 왜 지금의 시간을 헛되이 보낼 수 없는지를 깨닫게 하는 내적 동기다.

부모가 자녀에게 물려줄 수 있는 최고의 유산은 돈이나 교육 환경보다 이 비전을 심어주는 일이다. 비전을 가진 아이는 흔들리더라도 다시 일어난다. 반면 비전이 없는 아이는 작은 유혹에도 쉽게 끌려간다.

사춘기는 누구에게나 어렵다. 하지만 이 시기를 통과한 방식이 그 사람의 운명을 만든다. 부모는 간섭하거나 억누르기보다는, 아이가 건너는 다리 끝에 무엇이 있는지를 함께 보여주는 길잡이가 되어야 한다. 아이가 자기 인생을 스스로 꿈꾸게 할 수 있다면, 그 꿈이 바로 다리를 안전하게 건너게 해주는 손잡이가 되어줄 것이다. 사춘기는 방황의 시간이 아니라, 자신의 미래를 처음으로 진지하게 선택하는 시간이다. 그 선택이 바로 인생을 만든다.

불행한 에서와
비극의 오이디푸스

사춘기를 잘못 보내 사회에 나가 고생하는 사람들을 성서에서는 '다리를 저는 에서'로, 그리스 신화에서는 '다리를 저는 오이디푸스 왕'으로 비유한다. 오이디푸스는 "아버지를 죽이고 어머니와 결혼하게 될 것"이라는 신탁 때문에 태어나자마자 부모의 손에 의해 숲속에 버려지고 타국으로 떠나게 된다.

그러나 그 신탁을 피하려 한 모든 행위가 오히려 신탁을 실현시키는 비극의 원인이 된다. 오이디푸스의 이야기에는 '스핑크스'라는 괴물이 등장한다. 여인의 얼굴, 사자의 몸, 독수리의 날개를 가진 스핑크스는 길 가는 나그네에게 수수께끼를 내고 답하지 못하면 잡아먹었다. 그 수수께끼 중 하나는 이렇다.

"아침에는 네 발, 점심에는 두 발, 저녁에는 세 발로 걷는 것은 무엇인가?"

그 답은 '인간'이다. 아침은 인생의 시작, 즉 유년기를 뜻하며 네 발로 기어 다니는 시기다. 점심은 성인기를 의미해 두 발로 당당히 걷고, 저녁은 노년기를 뜻해 지팡이에 의지한 세 발로 걷게 된다.

이 수수께끼에는 인간의 삶에 대한 근원적인 철학이 담겨 있다. 인간은 처음엔 네 발로 걷는 동물의 수준으로 태어나지만, 사춘기라는 다리를 건너며 비로소 '두 발로 걷는 인간'으로 성장한다. 이 시기를 잘 보내야 어른으로서의 균형 잡힌 삶을 살 수 있다.

그리고 모든 생명에는 흥망성쇠가 있듯이 인간의 청춘과 전성기도 언젠가 노년의 쇠락으로 이어진다. 기력이 떨어지고 약에 의존하는 삶은 달갑지는 않지만 자연의 순리에 따른 정상적인 과정이다.

문제는 사춘기를 어떻게 보내느냐다. 사춘기를 제대로 보낸 사람은 어른이 되어 두 발로 당당히 서서 사회에 기여하고, 세상은 그 대가로 지위와 명예, 안정적인 보수를 선물한다. 반면 에서처럼 공부와 자기수양을 게을리하고 유혹과 쾌락, 친구들과의 방탕한 생활에 빠져 사춘기를 흘려보내면 그때부터 인생의 비극이 시작된다.

겉보기엔 모든 사람이 어른으로 두 발로 걷고 있지만, 마음의 '엑스레이'를 비춰보면 어떤 사람은 발이 부어 절며 걷는다. 사춘기를 잘못 보낸 사람은 인내심과 자기 관리 습관이 부족하고, 감정 조절이 안 되어 인간관계도 원만하지 않다. 결국 기술이나 지식이 부족해 사회의 상층부로 진입하지 못하고, 열악한 환경에서 허드렛일을 하며 살아가게 된다.

오이디푸스(Oedipus)라는 이름은 '부은 발'이라는 뜻이다. 그처럼 발이 부은 사람도 겉으로는 어른이지만, 실제로는 제대로 걷지 못하는 약점을 가진다. 아동기나 사춘기를 잘못 보내면 결국 오이디푸스처럼 겉으로는 멀쩡하지만 내면은 부은 발로 절뚝거리는 어른이 된다. 이것이 비극적 운명의 시작점이다.

오이디푸스처럼 자신의 약점을 비관하거나 세상을 원망하기 시작하면 반항적이고 반사회적인 행동으로 이어지기 쉽다. 그가 길에서 사소한 일로 아버지를 죽인 사건이 이를 상징한다. 이성·법·질서로 표현되는 '아버지'를 죽였다는 것은, 한 인간 안에서 이성과 질서가 사라졌다는 뜻이다. 결국 무질서하고 충동적인 사람이 되는 것이다.

그는 어머니와 결혼함으로써 욕망을 절제하지 못하는 인간의 모습을 드러낸다. 친어머니는 자식을 무조건적으로 감싸주지만, 계모는 엄격하게 대한다. 즉, 어머니와 결혼했다는 것은 자기 자신을 지나치게 관대하게 대한다는 상징이다. 자기 관리가 느슨한 사람은 결국 방탕하고 자기중심적인 인간이 된다.

오이디푸스는 친어머니와 결혼했고 비극적인 삶을 살았다. 이와는 반대로 백설공주, 신데렐라, 콩쥐팥쥐 등 친엄마가 죽고 계모에

시달린 주인공들의 결말은 행복 그 자체였다. 이를 통해서 옛이야기 속에서 친엄마와 결혼한다는 것은 자기 자신에 대해 무절제하고 느슨하게 결합하고 관리하는 사람임을 다시 한번 확인 할 수 있다.

스핑크스의 또 다른 수수께끼는 이렇다.

"언니가 동생을 낳고, 동생이 언니를 낳는 자매는 누구인가?"

답은 '밤과 낮'이다. 밤이 낮을 낳고, 낮이 밤을 낳는다. 시간은 그렇게 순환하며 천지가 창조된 이후로 강물처럼 무심하게 흘러갔다. 원래가 무심한 시간, 그것에 의미를 부여하는 것은 인간의 꿈과 노력이다.

이 수수께끼는 사람에게 '때'가 있음을 일깨운다. 사춘기는 학업에 전념하고 욕망을 절제하며 책임감·인내심·근면성을 기르는 시기다. 이 시기를 제대로 보내야 어른의 세계에서 버틸 힘이 생긴다. 그러나 시간을 놓치면 세월은 기다려주지 않는다. 제때 해야 할 일을 미루면, 그 대가는 훗날 '부은 발'로 돌아온다. 그때가 되면 무심하게 흘러가는 세월이 야속하게만 느껴진다.

성서 『전도서』 3장에는 이렇게 쓰여 있다. "모든 일에는 때가 있다. 날 때가 있고 죽을 때가 있으며, 심을 때가 있고 뽑을 때가 있다." 공부하고 자기수양을 쌓기 좋은 때 역시 정해져 있다. 그 시기를 놓치면, 뒤늦은 노력은 몇 곱절의 힘이 들고 언제나 남들보다 뒤처지게 된다.

결국 사람을 불행하게 만드는 것은 가난한 출생이 아니라 '때를 놓친 삶'이다. 사춘기를 헛되이 보낸 사람은 어른이 되어 불행과 비극 속을 헤매기 쉽다.

오늘날에도 에서와 오이디푸스처럼 어린 시절과 사춘기를 제대로 보내지 못한 어른들이 많다. 그러나 그것을 운명이라 체념할 필요는 없다. 늦었더라도 배움과 자기수양을 시작하면 된다.

하늘은 스스로 돕는 자를 돕는다. 노력 끝에 약점을 극복한 '인간 승리'의 사례가 세상에 결코 적지 않다. 오이디푸스 이야기가 시대를 넘어 회자되는 이유는 그 비극이 인간의 현실을 제대로 반영하기 때문이다. 스핑크스는 사람을 잡아먹어서 무서운 것이 아니라, 그 수수께끼를 통해 이렇게 묻고 있기 때문이다.

"당신은 두 발로 당당히 서 있습니까?
아니면 부은 발로 절뚝거리며 살아가고 있습니까?"

스핑크스의 질문은 단순한 말장난이 아니다. 그것은 우리 각자의 삶을 비추는 거울이다. 자신의 부은 발을 외면하지 않고 직면할 때, 비로소 독수리처럼 날개를 펴고 비상할 힘을 얻게 된다.

사춘기는 지성과
야성의 본격적인 출발점

성서는 에서의 혼인 이야기를 통해 사춘기 문제를 다루고 있다. 이는 결코 우연이 아니다. 사춘기는 인간이 지성인으로 살아갈 것인가, 야성인으로 머물 것인가를 결정짓는 출발점이기 때문이다. 이 시기를 기점으로 삶의 방향은 뚜렷이 갈라지고, 성인이 되면 그 차이는 하나의 굳건한 장벽이 된다.

에서가 헷 족속 여인들, 유딧과 바스맛을 아내로 맞이한 일에 대해 이삭과 리브가가 근심한 이유도 여기에 있다. 인생은 사춘기에서 끝나지 않는다. 사춘기는 그저 인생 후반부 50여 년을 지탱할 토대이자 발판이다.

따라서 이 시기에 어떤 선택을 하느냐가 이후 삶의 품격과 방향을 결정한다. 성서는 이를 통해 사춘기의 출발을 바르게 세워야 한다는 묵시적 교훈을 우리에게 전하고 있는 것이다.

공부하는 사람들에 대한
세상의 축복

- 공부는 신의 방식으로 세상과 대화하는 행위다

에서의 축복을 가로채는
코미디 같은 장면

이삭은 사고만 치고 다니며 공부나 인생의 목표가 없는 에서 때문에 근심이 깊었다. 나이가 들어 시력이 약해지자, 그는 죽기 전에 장자인 에서에게 축복을 주기 위해 사냥을 해 별미를 만들어 오라고 부탁했다.

이 사실을 들은 어머니 리브가는 야곱을 불러 아버지의 축복을 대신 받게 하자는 계략을 꾸몄다. 이삭의 시력이 좋지 않다는 점을 이용해 야곱을 형 에서로 위장시킨 것이다. 리브가는 털이 없는 야곱의 매끈한 팔과 목에 염소 가죽을 덧대어, 털이 많은 형의 피부처럼 보이게 했다. 또 집에서 기르던 염소를 잡아 별미를 만들어 이삭에게 바쳤다.

이삭은 야곱의 목소리를 듣고 잠시 의심하며 말했다. "음성은 야곱의 음성인데, 손은 에서의 손이구나." 그 장면은 어찌 보면 코미디한 장면처럼 우스꽝스럽다.

리브가는 자신이 낳은 두 아들 중 야곱만 편애하고 에서는 마치 의붓자식처럼 대했다. 이것은 부모로서 상식적으로 이해하기 힘든 일이다. 더욱이 하나님께서도 두 쌍둥이가 태어나기도 전에 "형이 동생을 섬길 것이다"라고 예언했으니, 이 역시 야곱에 대한 편애처럼 보인다.

그러나 리브가와 하나님의 편애는 단순한 감정적인 차별이 아니다. 에서가 상징하는 '야성'보다, 야곱이 상징하는 '지성'을 더 발전시키려는 의도가 담겨 있다. 야곱은 사고하고 배우는 존재이며, 에서는 본능에 따라 행동하는 존재다. 따라서 이 편애는 인간 사회가 야성보다 지성을 우위에 두려는 '지성 편애', 즉 문명 발달을 촉진하기 위한 선택이었다고 볼 수 있다.

이런 관점에서 보면, 야곱이 형의 장자권을 얻고 아버지의 축복을 받는 것은 인간이 본능을 넘어 지성의 삶으로 나아가야 한다는 상징적 사건이다. 팥죽 한 그릇으로 장자권을 얻은 야곱은 단순한 모범생이 아니라, 인류가 추구해야 할 지성적 존재의 표상이라 할 수 있다.

공부와 지성인에게 내리는 축복의 의미

아버지 이삭이 야곱에게 내린 축복의 말은 다음과 같다.

"내 아들의 냄새는 여호와께서 복 주신 밭의 냄새와 같도다. 하나님께서 네게 하늘의 이슬과 기름진 땅을 주시며, 풍성한 곡식과 포도주를 허락하시길 원하노라. 여러 민족이 너를 섬기고 모든 나라가 네게 굴복하리라. 네 형제들 위에 네가 서고, 친족들이 네게 복종하리라. 너를 저주하는 자는 저주를 받고, 너를 축복하는 자는 복을 받으리라."

이 축복의 말에는 '장자'라는 언급이 없다. 오히려 공부하고 생각하는 지성인, 즉 야곱 같은 사람들에 대한 축복이다. 지식과 기술을 갖춘 사람은 풍요롭고 안정된 삶을 누릴 수 있으며, 결국 모든 사회는 지성의 힘 앞에 굴복한다는 의미다. 지성을 저주하거나 무시하는 자는 낙오자가 되고, 지성을 귀히 여기는 자가 복을 받는다는 메시지이기도 하다.

특히 "내 아들의 냄새는 여호와께서 축복하신 밭의 냄새와 같다"는 구절은 깊은 뜻을 지닌다. 밭은 생명을 길러내는 생산의 터전이다. 즉 공부하는 사람에게서 생산적이고 창조적인 향기가 난다는 뜻이다. 사람은 배움을 통해 얻은 지식으로 세상을 변화시키고, 인간의 삶을 더 편리하고 풍요롭게 만들어간다.

지성인 야곱은 항상 먼저 생각하고, 계획하며 행동하는 사람이다. 그는 인류에게 불을 가져다준 프로메테우스처럼 지식의 불을 밝혀 인간의 무지를 깨우고, 자연을 다스리며 문명을 발전시키는 존재다. 이런 지성인의 노력이 인류 문명의 진정한 원동력이다.

지성을 중시하는
축복의 현실적 의미

공부하는 사람에 대한 축복은 현실 속에서도 분명히 드러난다. 공부 잘하는 아이는 부모에게 칭찬과 용돈, 선물을 받지만, 공부를 게을리하는 아이는 구박을 받기 일쑤다. 학교에서도 우등생은 상을 받고, 사회에 나가서는 높은 직위와 좋은 대우를 받는다. 지식과 성실함은 언제나 풍요와 명예를 불러온다.

야곱의 이야기가 생겨난 고대에는 지금처럼 교육 체계가 체계적이지 않았다. 그러나 사람들은 지식과 지성이 세상을 지배한다는 사실을 이미 본능적으로 알고 있었다. 이삭이 야곱에게 내린 축복은, 바로 그런 지성의 힘을 인정하고 권장한 인류 최초의 '교육찬가'라 할 수 있다.

그래서 이삭의 축복은 단순히 신앙적인 말이 아니라, 지금 시대에도 유효한 교훈이다. 그것은 "참되고 슬기롭게", "진선미", "진리는 나의 빛" 같은 교훈 구절보다도 더 실질적이고 구체적으로 지성과 공부의 가치를 일깨운다. 학교나 가정에서 이삭의 축복을 액자로 걸어놓는다면, 공부의 의미를 되새기는 좋은 문구가 될 것이다.

이삭은 축복을 베풀기 전에 야곱에게 염소고기 별미를 요구했다. 이것은 단순한 이야기 장치가 아니다. 그가 사냥한 자연산 고기보다, 집에서 기른 염소로 만든 요리를 더 귀히 여겼다는 점은 중요하다. 이는 야생보다 문명, 본능보다 지성, 채집보다 생산을 상징한다.

인간은 사냥과 채집만으로는 문명을 발전시킬 수 없다. 농경과 축산, 즉 계획적이고 체계적인 생산 활동을 통해서만 공동체가 성장하고 번영할 수 있다. 이삭이 집에서 기른 염소고기를 더 가치 있게 여긴 것은, 바로 지식과 노력으로 얻은 문명의 산물을 찬양한 것이다.

야곱은 부드럽고 조용하지만, 깊이 생각하고 배우며 세상을 바꾸는 사람이다. 그런 지성의 사람에게 내린 이삭의 축복은, 오늘을 사는 우리에게도 여전히 유효한 메시지를 전한다. "지성을 귀히 여기고, 배움을 멈추지 말라. 그 길 끝에는 풍요와 축복이 기다리고 있다."

공부 안 하는 사람들에 대한
문명 사회의 저주

사냥을 마친 뒤 에서는 별미를 준비해 아버지 이삭에게 가져와 축복을 청했다. 그러나 이미 야곱이 축복을 다 받아간 뒤였다. 이삭은 속임수를 알았지만 남은 축복이 없어 에서에게 내릴 말이 없다고 했다. 축복의 말이 돈처럼 소진되는 것이 아닌데도, 이삭은 야곱에게 준 축복을 번복하지 않았다.

간곡히 청하는 에서에게 이삭은 결국 이렇게 말했다.

> "네가 사는 땅은 기름지지 않고 하늘의 이슬도 내리지 않을 것이다. 네가 칼을 의지해 살겠지만 동생을 섬겨야 할 것이다. 다만 끊임없이 몸부림친다면 그 멍에에서 벗어날 수 있을 것이다."

이 말에는 축복은 없고, 오히려 저주가 담겨 있었다. 에서와 같은 사람들, 장자권을 가볍게 여기는 사람들에 대한 경고였다. 인간의 삶은 동물처럼 사냥과 채집에만 의존하지 않는다. 지식을 바탕으로 농사를 짓고, 저장과 교환을 통해 경제를 만들며, 집과 제도를 세우고 법과 질서를 지켜 문명을 이룬다. 본능적 쾌락과 눈앞의 이익만 좇는 사람들은 결국 기름진 땅과 하늘의 은총을 잃는다.

공부를 게을리하고 지식 쌓기를 등한시하는 사람은 사고력을 발전시키기보다 늘 뒷북을 치며, 사회의 주류가 되지 못한다. 그들에게 남는 것은 힘과 칼뿐이다. 그러나 인간 사회에서는 힘보다 지성이 더 큰 권위를 가진다. 지성이 칼을 지배하는 것이 순리다.

그럼에도 본능적 야성은 완전히 무가치하지 않다. 목숨이 위태로운 순간이나 병마와 싸워야 할 때는 법이나 논리보다 생존의 힘이 필요하다. 또한 아무리 힘들어도 몸부림치며 가정을 책임지는 이들, 나이 들어서도 택시·화물차 운전이나 경비, 청소로 생계를 이어가는 이들은 야성적 생존 본능의 힘을 보여준다. 고단하지만 그 자체로 안쓰럽고도 대단하다.

현실에서 사고뭉치 같은 학생이나 젊은이들에게 흔히 붙는 말은 "싹수가 노랗다"이다. 즉, 공부하지 않고 예의를 잃은 이들은 결국 하류 인생으로 전락한다는 평가다. 그러나 이삭의 말처럼, 끊임없이 몸부림치며 개과천선할 기회는 있다.

세상은 야곱처럼 지성에 힘쓰는 사람이 우대받는 곳이다. 지금이라도 축복받는 삶을 원한다면, 팥죽 같은 눈앞의 욕망을 버리고 장자권처럼 장기적인 목표를 붙잡아야 한다. 하루하루 성실히 노력한다면 늦게라도 축복은 내려온다. 야곱과 지성이 절대적으로 옳다는 뜻은 아니다. 다만 인간 사회가 그렇게 만들어져 있기에, 지성을 추구하는 것이 순리일 뿐이다.

자식교육이라면
무엇이든 하는 엄마

- 어머니의 사랑은 때로 교육이라는 이름으로 가장 치열해진다

맹모삼천지교(孟母三遷之敎)와
리브가의 일천지교(一遷之敎)

인간의 지성은 공부하고 갈고닦아야 형성되는 후천적 성격을 가진다. 반면 에서가 상징하는 야성적·본능적 성향은 선천적인 것이다. 지성적인 야곱이 늘 야성적인 에서와 함께 있다면, 그 영향으로 배우려는 의욕이 꺾이고 지성이 자라나지 못했을 것이다.

야성적인 아이들은 실내에서 공부하기보다 들로 나가 사냥하고 뛰어노는 것을 더 좋아한다. 그런 친구들과 어울리다 보면 공부는 자연히 뒷전으로 밀린다. 야곱이 에서 곁을 떠나 멀리 피신한 것은, 공부할 의지가 전혀 없는 불량청소년과 거리를 두려는 모습이라 볼 수 있다.

에서가 야곱을 미워하는 장면이 창세기 27장 41절에는 이렇게 기

록되어 있다. "에서는 아버지가 야곱을 축복했다는 이유로 야곱을 미워하여 '아버지가 돌아가시면 야곱을 죽여 버리겠다'고 혼자 중얼거렸다."

이는 단순히 동생을 죽이려 한 장면처럼 보인다. 하지만 상징적으로 해석하면, 공부와 담을 쌓은 에서와 가까이 지내다 보면 야곱의 공부 의지가 죽게 된다는 의미로도 읽을 수 있다. 실제로 공부 잘하던 학생도 불량한 무리에 섞이면 금세 학업이 무너지는 모습을 우리는 쉽게 본다.

아이들의 본능은 공부보다는 놀이를 좇는다. 부모가 가르치지 않고 방치하면 아이들은 산과 들에서 놀기만 한다. 그렇게 되면 지성이 싹틀 시기를 놓친다. 리브가는 이를 알았기에 야곱을 에서와 떼어놓고 공부에 전념하게 했다.

맹자의 어머니는 아들을 공부시키기 위해 세 번이나 이사를 다닌 것으로 유명하다. 묘지 근처에 살 때는 장례 흉내만 내고, 시장 근처에서는 물건 파는 흉내만 내던 맹자가 서당 근처에 이사한 뒤에야 공부에 집중했다.

리브가도 같은 이유로 야곱을 들사람 에서와 단번에 벌려놓았다. 이는 '리브가의 일천지교(一遷之敎)'라 할 만하다. 현대적으로 말하면, 공부하지 않는 무리와 자녀를 단호히 분리하고 체계적인 교육환경을 조성하는 부모의 지혜다.

헷 여인들과
리브가의 걱정

리브가는 또 다른 이유로 야곱을 집에서 멀리 보냈다. 그는 남편 이삭에게 말했다. "내가 이 헷 여자들 때문에 사는 것이 지긋지긋합니다. 만일 야곱마저 그들과 결혼한다면 무슨 낙으로 살겠습니까?"

에서가 이미 맞이한 두 아내, 유딧과 바스맛은 문제투성이었다. 유딧은 방탕과 쾌락을, 바스맛은 힘과 폭력을 동경했다. 에서가 이들과 어울리며 온갖 말썽을 일으키는 모습을 보며, 리브가는 야곱까지 그 길을 따라갈까 크게 두려워했다. 야곱이 그곳에 머문다면 성적인 욕망이나 폭력성을 자연스레 받아들여, 결국 불량청소년 같은 삶을 살게 될 가능성이 높았다. 그래서 리브가는 야곱을 아예 다른 곳으로 보낸 것이다.

맹자의 어머니는 교육을 위해 힘든 이사를 세 번이나 감행했다. 고대 사회에서 집을 옮긴다는 것은 오늘날보다 훨씬 고된 일이었다. 그럼에도 아들의 미래를 위해 감수했다. 리브가 역시 마찬가지였다. 사랑하는 아들을 평생 다시 만나지 못할 각오까지 하며 멀리 떠나 보냈다. 어머니의 교육적 결단이 얼마나 큰 희생을 요구하는지를 보여준다.

오늘날에도 부모들은 아이들이 불량한 친구들과 어울리는 것을 두려워한다. "근묵자흑(近墨者黑)"이라는 말처럼, 에서 같은 무리를 가까이하면 야곱 역시 공부 대신 방탕에 물들 것이다. 자식을 제대로 키우려는 부모가 가장 먼저 해야 할 일은 공부하지 않는 무리와 아이를 떼어놓고, 면학 분위기를 지켜주는 것이다.

며칠만
공부해보자는 엄마

어머니 리브가는 에서가 "야곱을 죽이겠다"고 중얼거리는 것을 듣고, 야곱을 고향 브엘세바에서 오빠 라반이 살고 있는 하란으로 보냈다. 이때 리브가는 야곱을 안심시키려 했던지 "외삼촌 집에 가서 며칠만 머물라"고 말했다.

브엘세바에서 하란까지는 약 900㎞, 걸어서 한 달 이상 걸리는 거리였다. 부산에서 함경북도 끝까지 가는 것과 비슷한 수준이었다. 더구나 야곱은 고향을 떠나본 적도, 지도나 이정표도 없는 시대에 위험한 길을 홀로 걸어야 했다. 강도와 야생동물이 도사리는 밤길은 특히 위험했다. 그런 긴 시간과 위험을 감수하고 가서 며칠만 묵으라는 것은 현실적으로 앞뒤가 맞지 않는 말이었다.

결국 "며칠만"이라고 했던 이 도피는 무려 20년으로 길어졌다. 그동안 모자 사이에 한 번의 연락도, 재회도 없었다. 심지어 야곱이 결혼할 때조차 소식이 오가지 않았다. 이 기묘한 모자 관계를 오직 "자식의 공부를 위한 교육적 헌신"으로밖에 설명하기 어렵다.

사실 아이에게 처음부터 "십여 년간 공부해야 한다"고 말한다면 기절하거나 거부하기 쉽다. 리브가는 이 점을 알았다. 그래서 야곱에게 "며칠만"이라고 말하며 시작을 유도했다.

공부 습관은 작은 시작에서 자라난다. 며칠 하다 보면 몇 주가 되고, 습관이 자리 잡으면 몇 달, 몇 년으로 이어진다. "시작이 반"이고, "천리 길도 한 걸음부터"라는 말처럼 리브가는 야곱에게 첫걸음을 떼게 한 것이다.

큰 인물이 되려면
큰 세상에서 공부해야 한다

야곱이 간 하란(Haran)은 유프라테스강 상류의 교통 요충지였다. 사방의 무역로가 만나는 번화한 대도시로, 앗수르 제국의 수도 역할도 했던 곳이다. 그런 곳에서라야 새로운 문물을 보고 듣고 배우며 학문에 전념할 수 있다.

오늘날로 치면 아이를 교육 여건이 좋은 대도시나 해외 유학지로 보내는 것과 같다. 시골에서는 농번기에 농사일을 거들어야 하고, 공부할 동기나 경쟁 분위기도 부족하다. 반면 대도시는 선생, 학원, 경쟁자들이 많아 자연스럽게 공부 의욕이 자란다. 한국에서 "사람 나면 서울로 보내라"는 속담이 있는 것도 같은 맥락이다.

하란의 어원은 '불태우다, 불사르다'는 뜻의 '하라르'에서 나왔다. 야곱이 하란으로 갔다는 것은, 대도시에서 열정을 불사르며 공부에 매진했다는 상징으로 읽을 수 있다.

옛날에도 사법시험 준비생들이 절이나 고시원에서 숙식하며 공부했다. 유혹과 잡음을 끊고 집중하기 위함이었다. 리브가가 야곱을 하란으로 보낸 이유도 같다. 단순히 외삼촌이 그곳에 있었기 때문만이 아니라, 면학 분위기가 조성된 곳에서 공부 습관을 심으려 했던 것이다.

하란은 또 다른 이름으로 밧단 아람(Paddan Aram)이라 불린다. '아람의 평야' 또는 '높은 길'이라는 뜻이다. 즉, 하란은 단순한 도피처가 아니라 큰 지식을 쌓고 높은 길로 나아가게 하는 공부의 터전이었다.

리브가는 아들을 위해 "며칠만"이라는 작은 말로 시작을 열어주었고, 먼 도시로 보내어 공부에 불을 붙였다. 결국 이는 야곱이 큰 인물로 성장하는 토대가 되었다.

자녀 교육에 헌신하는 어머니의 지혜는 고대나 현대나 다르지 않다. 아이가 공부 습관을 들이도록 작은 시작을 돕고, 좋은 환경으로 이끌어 주는 것이다. 그래서 의식 있는 부모들은 아이들 손잡고 도서관에 가서 같이 책을 읽곤 한다. 그것이 리브가의 가르침이자 오늘날의 부모에게도 여전히 유효한 교훈이다.

야곱이 흰빛이라는 뜻의
선생 라반 아래서 공부하다

성서를 올바르게 이해하려면 등장인물 이름의 뜻을 파악하는 것이 무엇보다 중요하다. 특히 창세기와 같은 오래된 기록에서는 이름과 그 인물이 맡은 역할이 곧 성격과 상징을 드러내는 중요한 단서가 된다. 오늘날 소설이나 드라마처럼 외모나 성격이 자세히 묘사되지 않기 때문이다.

야곱의 삶을 이해하는 데도 그의 외삼촌이자 장인인 라반의 캐릭터 해석이 결정적이다. 만약 라반을 단순히 양을 기르던 목축업자로만 본다면, 야곱은 20년 동안 양이나 돌본 평범한 목동으로 축소되고 만다. 하지만 성서는 야곱을 지성인의 상징으로 그리고 있으며, 이를 위해서는 라반과의 관계를 올바르게 해석할 필요가 있다.

라반(Laban)의 이름은 '흰빛'을 뜻한다. 이는 중동에서 즐겨 마시는 유제품 음료의 이름이기도 하다. 성경에 기록된 그의 삶에 대한 단서는 많지 않다. 대도시 하란에 거주했고, 목축을 했으며, 이름이 '흰색'을 의미한다는 정도다.

라반은 직업상 햇볕에 그을려 검게 탄 모습과 연결되지만, 그의 이름은 오히려 흰빛이다. 이는 그가 단순한 목자라기보다 지성적이고 고상한 계층에 속했음을 드러내는 암시일 수 있다. 성경은 라반을 통해 무지와 혼돈이라는 어둠에서 벗어나 흰빛처럼 '밝음'으로 나아가는 교육의 의미를 전달한다. 붉은빛 야성의 상징인 에서와 달리, 라반은 차분하고 안정된 흰빛으로 문명과 지성을 대변하는 인물인 셈이다.

야곱은 에서를 피해 하란으로 가서 라반과 20년을 함께 보냈다. 성경에는 그가 직접적인 교육을 받았다는 기록은 없지만, 구전과 관습을 통해 지식과 지혜를 배웠을 가능성이 크다. 고대 사회에서 문자와 역사, 과학지식이 거의 축적되지 않았던 시대임을 감안하면, 인생 경험 많은 어른이 젊은이들을 설화 형식으로 가르치는 것이 교육의 방식이었을 것이다.

야곱은 혈혈단신으로 타향에 와서 큰 재산을 일구었다. 이는 단순한 노동만으로는 불가능했으며, 라반을 통해 체득한 지식과 지혜가 바탕이 되었음을 시사한다. 결국 라반은 평범한 목축업자가 아닌 '선생님'을 뜻하는 랍비(rabbi)에 가까운 존재로 이해하는 것이 타당하다.

공부라는 장도(壯途)에 오른 원동력은 장자권 선택이다

야곱이 큰 뜻을 이루고자 오랜 시간이 소요되는 공부라는 장도(壯途)에 올랐다. 그는 또래처럼 들판에서 뛰놀며 즐겁게 살고 싶었을 것이다. 그러나 더 큰 미래를 바라보고 '비전 있는 삶'을 택함으로써 생각과 행동이 근본적으로 달라졌다.

에서처럼 눈앞의 팥죽 한 그릇에 만족하는 삶과, 장기적인 목표를 향해 공부하는 삶은 시간이 지날수록 극명하게 달라진다. 10년, 20년이 흐르면 두 사람의 인생은 전혀 다른 모습이 된다. 성경이 말하듯, 야곱과 에서는 서로 다른 두 민족의 원형으로 자리 잡는다.

따라서 공부를 통해 얻고자 하는 '장자권'을 분명히 설정하는 것이 중요하다. 정치가, 사업가, 학자, 종교인, 예술가 등 어떤 분야이든 목표가 분명해야 지치지 않고 오랜 세월 성실하게 정진할 수 있다. 꿈이 없는 사람은 방황하기 쉽고, 결국 공부도 성취도 할 수 없다. 반대로 분명한 목표를 지닌 사람은 라반과 같은 '빛'의 가르침 속에서 야곱처럼 성장하여, 인생을 이끌어갈 지성인이 될 수 있다.

꿈은 이루어진다,
불편함을 베고 자면

- 불편함을 감수한 자리에서, 비로소 진짜 배움이 시작된다

야곱의 매우
특별한 꿈

야곱은 에서를 피해 브엘세바를 떠나 하란으로 가는 길에서 매우 인상적인 꿈을 꾸었다. 어느 곳에 이르러 해가 저물자 주변의 돌을 베개 삼아 잠을 청했는데, 그때 꿈속에서 놀라운 광경이 펼쳐졌다.

사닥다리가 땅 위에 세워져 있었고 그 꼭대기는 하늘에 닿아 있었다. 천사들이 그 사닥다리 위를 오르내리고 있었으며, 하나님께서 그 위에 서 계셨다. 하나님은 자신이 야곱의 조상들이 섬겼던 하나님임을 밝히며 말씀하셨다.

"네가 누워 있는 이 땅을 너와 네 후손에게 주겠다. 네 후손이 땅의 티끌처럼 많아져 동서남북으로 흩어질 것이며, 세상의 모든 민

족이 너와 네 후손으로 인해 복을 받을 것이다. 내가 너와 함께하며 네가 어디로 가든지 지켜주고 다시 이 땅으로 돌아오게 하겠다. 약속한 것을 다 이루기 전까지는 너를 떠나지 않겠다."

이 축복은 야곱 개인에게만 주어진 것이 아니라, 야곱이 상징하는 '지성'을 키우고 성장시킬 때 그 영향이 온 인류에게 복이 된다는 뜻으로 볼 수 있다. 하나님은 특정한 개인이나 나라만이 아니라 세상 전체를 공정하고 보편적으로 다스리신다.

야곱은 배움을 통해 지성인이 되기 위한 긴 여정을 시작했다. 고향을 떠나 낯선 길 위에서 처음 경험한 사건이 바로 이 돌베개를 베고 잔 밤에 꾼 특별한 꿈이었다. 인생의 전환기에 사람들은 유난히 기억에 남는 꿈을 꾸곤 한다. 학교에 입학하거나 졸업할 때, 사회에 첫발을 내디딜 때, 중요한 시험이나 시합을 앞둘 때가 그렇다. 야곱의 꿈도 그런 전환기의 꿈이었고, 그 안에 하나님의 임재가 나타나 신성한 품위를 더해 주었다.

꿈속 사다리는 땅에서 하늘까지 닿아 있었다. 일반적인 사다리가 몇 미터 남짓 올라가는 것과는 달리, 이 사다리는 특별히 하늘까지 이어져 있었다. 사다리의 본질은 한 발씩 단계를 밟아 지면보다 높은 곳으로 올라가는 것이다. 이는 공부라는 장도에 오른 야곱의 모습을 상징한다. 노력과 수양을 통해 한 단계씩 올라가다 보면 마침내 고귀한 지성에 도달할 수 있음을 보여준다.

사다리 꼭대기에 하나님이 계셨다는 것은, 하나님께서 인간의 지성 발달을 권장하신다는 의미다. 하나님은 인간을 자신의 형상대로 창조하시고, 땅을 정복하며 생물을 다스리라고 말씀하셨다. 그러나 인간의 육체적 능력만으로는 불가능한 일이다. 이를 가능하게 하는 힘은 바로 지성이다. 결국 야곱의 꿈은, 하나님이 인간에게 지성을 통해 세상을 다스리라고 명하신 뜻과 연결된다.

야곱이 꾼 사다리의 꿈은 공부를 통해 지성을 발전시킬 때 인류 전체가 그 혜택을 누리게 됨을 보여준다. 인류는 지성을 바탕으로 한 단계씩 미지의 세계를 정복해 왔고, 그 결과 오늘날과 같은 눈부신 문명을 이룩했다. 야곱은 하늘까지 닿는 사다리를 본 사람, 곧 지성의 날개를 달고 비상하려는 존재였다.

니체는 "날기를 배우려는 사람은 먼저 서고, 걷고, 달리고, 오르고, 춤추는 것을 배워야 한다. 사람은 곧바로 날 수는 없다."라는 말을 남겼다. 야곱의 사다리 꿈 역시 같은 맥락으로 해석할 수 있다. 낮은 단계에서 하나하나 배워 나가야만 비상할 수 있으며, 마지막의 '춤'은 자신이 속한 무대에서 멋진 실력을 발휘하는 삶을 뜻한다.

공부하는 사람들이 꾸는 밝은 미래

야곱처럼 공부의 길에 들어선 사람들은 늘 밝은 미래를 꿈꾼다. 목표 없이 무작정 공부만 해서는 성과를 낼 수 없다. 희망하는 미래의 그림이 있기에 고난과 역경에도 다시 힘을 내며 전진할 수 있다.

현대의 포스터나 이미지 속 '밝은 미래'는 잘 닦인 도로 끝에 화려한 도시로 표현된다. 야곱 시대에는 그런 상징이 없었기에, 사다리가 하늘에 닿고 그 위에 천사와 하나님이 있는 모습으로 표현된 것이다. 하늘은 곧 천국, 최고의 미래이자 완성된 단계로 이해된다.

하나님께서 야곱에게 "내가 너와 함께하여 네가 어디로 가든지 지켜주겠다"라고 말씀하셨듯, 공부하는 사람도 꿈꾸는 미래의 이미지가 늘 곁에 머물러 지켜준다. 이는 현대 성공학에서 말하는 '긍정적 자아 이미지'와 같다. 맥스웰 몰츠가 『사이코 사이버네틱스』에서 강조했듯, 자기 자신에 대한 밝은 이미지야말로 끊임없이 정진하게 만드는 힘이다.

불편함, 피곤함, 고통을
기꺼이 감수하는 돌베개 정신

야곱이 브엘세바를 떠나 하란으로 가던 길, 날이 저물어 들판에서 돌을 베개 삼아 잠든 이야기는 단순한 묘사가 아니다. 성서는 야곱의 긴 생애를 압축해 서술하는데, 그 속에서 굳이 '돌베개'를 강조한 것은 중요한 상징성을 담고 있다.

그날 밤 야곱의 꿈에 하나님이 나타나 "나는 아브라함과 이삭의 하나님이다"라며, 어떤 의무나 조건도 없이 땅과 번영을 약속하셨다. 이는 야곱이 특별한 기도나 행위를 한 결과가 아니라, 전혀 예기치 못한 '무조건적 축복'이었다. 현실적으로는 노력 없는 번영이란 존재하지 않는다. 그렇기에 성경이 전하는 이 이야기는 단순히 공짜 복이 아니라, 야곱의 태도와 결심에 주목해야 한다.

돌은 울퉁불퉁하고 딱딱하며 때로는 날카로워 베이기까지 한다. 그런 돌을 베개 삼아 베고 잤다는 것은 곧 불편함, 피곤함, 고통을 스스로 감수하는 자세를 의미한다. 공부나 수양, 훈련의 길은 본능적으로 즐겁거나 쉬운 것이 아니다. 오히려 스트레스, 반항심, 심지어 절망까지 동반한다. 그런 과정을 견뎌내려면 특별한 마음가짐, 곧 인내심이 필요하다. 야곱의 돌베개는 바로 그 인내를 상징한다.

인간은 지식과 지성 면에서 백지 상태로 태어난다. 원하는 것을 이루려면 오랜 시간 반복과 노력이 필요하다. 그 과정에서 자연스럽게 불편함과 피곤, 하기 싫음이 발생한다. 악기 연주자의 굳은살, 발레리나의 발가락 통증, 운동선수의 땀과 고통은 모두 '돌베개 정신'의 구체적 모습이다. 인내 없이 원하는 경지에 오를 수는 없다.

야곱이 돌베개를 베고 자는 모습을 하나님은 보셨고, 그의 인내에 감동하여 은총을 내리셨다. 이는 단순한 기적이 아니라, 인내심이 불러온 감동의 결과였다. 성서뿐만 아니라 동서고금의 이야기에도 같은 메시지가 담겨 있다. 중국의 와신상담은 불편을 견뎌 복수를 완성한 이야기이고, 신데렐라와 콩쥐팥쥐 역시 잿더미 속 인내 끝에 성공을 얻는 구조를 보여준다. 현대의 아이돌 스타들이 연습실 구석에서 쪽잠을 자며 성공을 준비하는 모습도 같은 맥락이다.

하버드대 도서관 벽에 적힌 낙서처럼 "고통 없이 얻는 것은 없다."라는 말은 돌베개 정신의 현대적 표현이다. 공부벌레로 불리는 하버드 학생들조차 피곤과 지침 속에서 인내하지 않으면 낙오한다. 성공한 사람들은 모두 예외 없이 불편함과 피곤을 감내한 경험을 지녔다. 존 D. 록펠러도 "성공에 인내보다 더 필수적인 자질은 없다"고 강조했다.

글자를 배우는 아이들이 수없이 자모를 반복해야 하듯, 나이 든 만학도 역시 같은 과정을 거쳐야만 글을 읽고 쓸 수 있다. 지성으로

가는 길은 남녀노소 누구에게나 공평하게 불편함과 수고를 요구한다. 야곱이 돌베개를 베고 잔 이야기는 바로 이런 진리를 압축적으로 보여준다.

성서는 야곱의 돌베개 정신을 강조함으로써, 성공과 성숙을 위한 불가피한 과정이 '불편함을 감수하는 인내'임을 일깨운다. 돌베개를 거부한 채 은총만 바라는 것은 신의 섭리를 무시하는 어리석음이다. 반대로 돌베개 정신을 실천하는 사람은 어느 시대, 어느 문화에서도 반드시 빛을 발한다.

돌베개를 베고 자는 인내심으로 성공을 이룬 유명인들

야곱처럼 돌베개를 베고 자는 인내심을 발휘해 성공한 현실의 인물들은 수도 없이 많다. 대표적으로 마이크로소프트 창업자 빌 게이츠를 들 수 있다. 그의 회고록 『소스코드: 더 비기닝』에 따르면, 17세 때 그는 다니던 학교의 수강 프로그램을 짜는 일을 맡았다.

기한은 촉박했고 난이도도 높았다. 이를 해결하기 위해 그는 무려 3주간 하루 20시간씩 작업에 매달렸다. 새벽 3시에 잠에서 깼을 때는 무슨 요일인지조차 기억나지 않았으며, 며칠간 집에 가지 못하고 학교 지하실에서 몰두했다고 한다.

고등학교 마지막 학년 때는 전력회사의 공급 프로그램을 개발했는데, 당시에도 100시간 동안 지하실을 떠나지 않고 몰두했다. 그는 "거의 나흘 동안 샤워도, 식사도 제대로 하지 않았다"고 회고했다.

이는 곧 불편과 피곤을 감수하며 몰두한 '돌베개 정신'의 표본이라할 수 있다.

말콤 글래드웰은 저서 『아웃라이어』에서 비틀즈의 사례를 소개한다. 비틀즈는 독일 함부르크에서 활동하던 시절, 약 1년 6개월 동안매일 8시간씩 연습했다. 그전에는 무대에서 미숙했지만, 혹독한 훈련 끝에 수많은 곡을 익히고 지구력까지 갖춘 완벽한 밴드로 성장했다.

미국의 수영선수 로우디 게인스도 돌베개 정신으로 성공한 인물이다. 그는 1980년 모스크바 올림픽이 보이콧되면서 무려 8년간 기다려야 했다. 그 기간 동안 매일 50m 수영장을 11㎞씩 헤엄쳤는데, 총 거리는 지구 한 바퀴를 도는 32,000㎞에 달한다. 결국 그는 1984년 LA 올림픽에서 금메달 3관왕에 올랐다. 이처럼 빌 게이츠, 비틀즈, 로우디 게인스의 사례는 불편함과 고통을 기꺼이 감내하는 '돌베개 정신'이야말로 성공의 핵심임을 보여준다.

노력과 인내를 강조하는 교훈들

미국 심리학자 앤젤라 더크워스는 『그릿』에서 재능보다 노력이 더중요하다고 강조한다. 그녀는 "재능 + 노력 = 기술, 기술 + 노력 = 성취"라는 공식을 제시하며, 지속적인 노력이야말로 진정한 성취를 이끈다고 주장한다.

이러한 메시지는 오래전부터 전해 내려왔다. 이솝 우화의 〈토끼와 거북이>에서 토끼는 재능을, 거북이는 노력과 인내심을 상징한다. 실제 삶에서는 결승선에 도달하기까지 긴 시간이 걸리기 때문에, 재능만으로는 부족하다. 거북이처럼 꾸준한 인내가 있어야 성공할 수 있다.

서울대나 하버드대를 나온 사람들을 단순히 '좋은 학교 출신'으로만 볼 수는 없다. 그들이 그런 학문적 성취를 이룰 수 있었던 것은 남들보다 몇 배의 노력과 인내, 곧 '돌베개 정신'을 발휘했기 때문이다. 그래서 사회에 진출한 후에도 중요한 일이나 어려운 과제가 주어질 때 이들이 선택되는 것이다. 단순히 지식 때문이 아니라, 어려움 속에서도 일을 완수할 것이라는 기대 때문이다.

결국 인생의 성취는 재능보다 꾸준한 노력과 인내심에서 온다. 재능을 달라고 기도하기보다, 돌베개를 베고 자며 노력할 수 있는 정신을 달라고 기도하는 것이 더 현명하다. 비록 좋은 환경이나 행운을 타고나지 않았더라도, 노력과 인내로 얼마든지 성취를 이룰 수 있기에 세상은 여전히 살 만한 곳이다.

벧엘,
하나님의 집

야곱은 하나님께서 자신을 격려하는 꿈을 꾸고 잠에서 깨어났다. 그는 "하나님께서 분명히 여기에 계셨는데, 나는 미처 알지 못했다"라고 고백한다. 그러나 하나님이 계셨다는 사실은 장소 자체보다, 야곱이 돌베개를 베고 잤다는 행위와 자세에 더 큰 의미가 있다.

상식적으로 지상에 하나님의 집이 존재한다는 것은 어려운 일이다. 그러나 상징적으로 본다면, 돌베개를 베고 자거나, 와신상담하듯 장작 위에 눕거나, 잿더미 속에서 잠들거나, 현대의 도서관 책상 위나 연습실에서 쓰러져 잠든 곳이 곧 "하나님의 집"이 될 수 있다. 그곳은 인내와 노력으로 꿈을 이루는 자리이기에 은총과 축복으로 가득한 공간이 된다.

야곱은 그곳을 두려워하며 이렇게 말했다. "이 얼마나 경탄할 만한 곳인가! 여기가 바로 하나님의 집이요, 하늘의 문이로구나." 야곱이 말한 하나님의 집은 곧 불편함과 피곤함을 감수하며 뜻을 이루려는 돌베개 정신이다. 이 정신이야말로 경외할 만한 가치가 있고, 인생의 성패를 가르는 열쇠이기 때문이다.

사람은 성공하기 전까지는 초라하고 알아주는 이 없는 시절을 겪는다. 그 과정에서 땀 흘리며 고생하고 책과 씨름하며 돌베개를 베고 자는 인내를 발휘해야 한다. 훗날 성공한 이들에게는 그 시절의 부엌, 연습실, 도서관이 마치 성지처럼 경탄스럽게 느껴진다. 바로 그곳이 하나님의 집이 되었기 때문이다.

야곱은 아침 일찍 일어나 베었던 돌을 기념비로 세우고, 그 위에 기름을 부으며 그곳을 벧엘(Bethel)이라 불렀다. 그리고 "이 돌이 하나님의 집이 될 것"이라고 말했다. 이는 돌베개 정신을 기념비처럼 세워 세상에 알리고, 사람들의 이정표로 삼겠다는 다짐이었다.

돌베개 정신은 공부에만 필요한 것이 아니다. 과거 아메리칸드림을 꿈꾸며 미국이나 서독으로 떠났던 교포들, 오늘날 코리안드림을 좇아 한국에 오는 외국인들도 마찬가지다. 좁고 열악한 방, 입에 맞지 않는 음식, 고된 노동을 감내하며 꿈을 향해 나아간다. 바로 그 인내와 수고가 돌베개 정신이다.

성서는 야곱을 통해 이 정신의 품격을 하나님의 집으로 끌어올렸다. 오늘날 우리가 불편과 피곤 속에서 노력하고 있다면, 그것은 결코 헛된 고생이 아니다. 훗날 그 시간을 위대한 추억으로 되새기게 될 것이다.

도서관 벽에 쓰인 "지금 자면 꿈을 꾸지만, 공부하면 꿈을 이룬다", "고통 없이 얻는 것은 없다"는 낙서들 역시 같은 의도를 담고 있다. 약해지려는 순간마다 자신을 일깨워 돌베개 정신을 환기시키려는 무의식적 표현이다.

창세기 28장 마지막에서 야곱은 이렇게 고백한다.

> "내가 기둥으로 세운 이 돌이 하나님의 집이 될 것이며, 하나님께서 내게 주신 모든 것에서 십분의 일을 반드시 하나님께 드리겠습니다."

이는 곧 자신이 얻은 성취와 재산이 돌베개 정신 덕분임을 잊지 않고, 평생 그 가치를 간직하겠다는 다짐이었다. 번영의 결과를 당연시하지 않고 감사로 돌려드리겠다는 태도이기도 하다.

사람에게는 반드시 자기만의 벧엘(Bethel), 곧 하나님이 머무는 자리, 돌베개를 베고 자며 불편함을 감수하는 자리가 필요하다. 누군가는 그것이 사무실 책상 앞일 수 있고, 누군가는 운동장의 트랙, 혹은 연습실의 낡은 거울 앞, 도서관의 오래된 지정석일 수 있다.

그러나 분명한 사실은, 벧엘이 없는 사람은 성공의 기점 자체가 없다는 것이다. 야곱이 돌베개를 베고 누운 아무것도 없는 황야는 외롭고 불편한 자리였다. 그러나 바로 그 불편함을 견딘 자리에서 사다리가 하늘까지 닿고, 하나님의 음성이 들리고, 미래의 약속이 주어졌다.

성취나 성공은 화려한 장소에서 시작되지 않는다. 오히려 가장 초라하지만 혼신을 다해 몰입할 수 있는 자리에서 시작된다. 김연아에게 벧엘은 누구도 없는 새벽의 스케이트장 한 귀퉁이였다. 스티브 잡스에게는 잡동사니뿐인 차고가 벧엘이었다. 어떤 청년에게는 북향 자취방의 작은 책상이, 어떤 음악가에게는 방음도 제대로 안 된 연습실이, 어떤 작가에게는 소음 많은 도서관 창가 좌석이 그 벧엘이었다. 하나님이 그런 곳에 오신다는 것은 의심의 여지가 없는 사실이다.

벧엘은 편안함의 공간이 아니라, 불편함을 감수하고, 그 위에 자신을 똑바로 세우는 공간이다. 그곳에서 사람은 다시 태어난다. 성공하고 싶은 사람은 먼저 "내 벧엘은 어디인가?"를 찾아야 한다. 현실 속에 그 공간을 마련하지 못한 사람에게는 성공도 마련되지 않는다.

지성이 동서남북으로
퍼져 나갈 것이다

야곱이 노숙한 사막의 밤은 서늘하고 고요했다. 사람의 체온을 앗아가는 공기 속에서, 야곱은 길가에 흩어진 울퉁불퉁한 돌을 베고 누웠다. 누구도 돌을 베고 자는 사람에게서 인류 문명의 거대한 서막이 열릴 것이라고는 상상하지 못했을 것이다.

그러나 바로 그 불편함 속에서, 바로 그 외로운 밤에, 하나님은 야곱에게 세상을 뒤흔드는 축복을 주셨다. 그것은 한 사람의 위로가 아니라 인류 전체의 미래를 향한 메시지였다.

"네 자손이 땅의 티끌같이 될 것이며, 네가 동서남북으로 퍼져 나갈 것이며, 땅의 모든 족속이 너와 네 자손으로 말미암아 복을 받을 것이다."

사람들은 흔히 이 말씀을 한 가정의 번영·혈통의 번성 정도로만 읽는다. 하지만 그 의미는 훨씬 넓고 깊다. 돌베개 위에 누워 있던 야곱은 그날 밤, '지성의 탄생'을 상징하는 축복을 받은 것이다.

고독 속에서 사색할 줄 아는 사람, 불편함을 감수하며 미래를 향해 걷는 사람, 그런 사람에게 지성의 문이 열리고, 그 지성은 결국 세상을 바꾸게 된다. 야곱이 잠들어 있던 그 자리는 그에게만 특별한 장소가 아니었다. 그곳은 모든 시대의 지성인들이 지나가는 관문이었다.

그리고 역사는 이 축복의 말씀이 어떻게 실현되었는지 차근차근 보여주었다. 하나님이 말씀하신 "땅의 티끌"은 단순히 많은 후손을 의미하지 않는다. 그 말은 수많은 사상, 수많은 발견, 수많은 예술과 제도, 수많은 문명을 건설한 사람들이 무수히 등장하리라는 예고였다.

그래서 먼 동쪽에서는 공자 같은 사상가가 태어나 인간의 도리와 사회의 질서를 정립했고, 서쪽에서는 소크라테스와 플라톤이 인간

이성과 도덕을 탐구하며 서양 철학의 기초를 닦았다. 북쪽에서는 칸트와 톨스토이가 깊은 성찰을 남겼고, 남쪽에서는 이슬람 의학의 아버지라 칭해지는 아비센나 같은 학자가 의학과 철학을 한 단계 끌어올렸다.

과학의 시대가 열리자 뉴턴이 만유인력으로 우주의 법칙을 밝혔고, 아인슈타인은 시간과 공간을 재구성하며 인간의 인식을 또 한 번 확장했다. 예술에서는 다빈치가 인간의 몸과 세계의 비밀을 화폭과 노트에 담았고, 모차르트는 음악을 통해 영혼을 살찌웠다.

셰익스피어는 인간의 마음 깊은 곳을 언어의 예술로 승화시켰고, 현대의 문을 연 스티브 잡스는 기술과 예술, 인간 정신을 하나로 엮어 현대인의 삶의 방식을 완전히 새롭게 만들었다.

이처럼 인류 문명 곳곳에서 터져 나온 빛나는 지성들은 모두 야곱에게 주어진 축복의 여러 갈래라 할 만하였다. 그날 밤 돌베개 베고 누운 한 젊은이에게 주어진 말씀은 한 민족의 번성만이 아니라, 인류 문명을 이끌 수많은 거장들의 탄생을 예언했던 셈이다.

야곱이 받은 약속 중 "네가 동서남북으로 퍼져나갈 것이다"라는 말은 특히 의미심장하다. 야곱은 한 사람의 신앙인이나 개인이 아니라 인류의 지성을 상징한다. 동서남북으로 퍼져 나간다는 표현은 지리적 방향을 넘어 지성의 확장 방향을 의미한다.

동쪽에는 동양 문명이, 서쪽에는 서양 문명이, 남쪽에는 중동과 아프리카 문명이, 북쪽에는 북유럽과 러시아 문명이 뻗어 나갔다. 각 지역의 사상·철학·예술·정치 제도는 서로 다르면서도 인류 삶의 질을 높인다는 점에서 한 뿌리로 이어져 있다.

그리고 이 모든 결과를 묶는 마지막 한 문장. "땅의 모든 족속이 너와 네 자손으로 말미암아 복을 받을 것이다." 이 말은, 지성은 결코 단 한 사람만의 소유물이 아니며, 참된 지성은 세상을 널리 이롭게 함을 의미한다.

야곱의 후손들이란 단지 혈통적 의미가 아니다. 고독 속에서 사색하고, 불편함을 감수하고, 미래를 향해 묵묵히 길을 걸으며 돌베개를 베고 잠들 수 있는 사람들이 바로 지성인들이다.

그런 사람들이 곧 야곱의 참된 후손이다. 그리고 그러한 사람들이 태어날 때마다 정치·철학·과학·예술·경제의 모든 분야에서 새로운 문명이 열리고, 인류는 더 큰 복을 받게 된다. 야곱의 돌베개는 단순한 돌이 아니다. 그것은 모든 지성인의 출발점이며, 인류 역사속 성취와 발견과 창조의 밑바탕에 놓인 상징적 토대다.

사람들은 종종 위인을 바라보며 "저 사람은 특별하게 태어난 것이다"라고 말한다. 하지만 사실은 그 반대다. 위인들은 모두 각자의 시대에 '야곱의 돌베개'를 경험한 사람들이다.

그 사람들은 고통스러운 현실에도 눌리지 않고, 인내하며 더욱 깊게 사색했고, 미래의 희망을 떠올렸다. 그런 사람들이 인류에게 복을 전하는 참된 지성의 피가 흐르는 야곱의 자손인 것이다.

오늘날 우리가 누리는 정치의 질서, 과학의 발전, 예술의 아름다움, 기술의 편리함, 그리고 인류 문명 자체는 그날 밤 사막에서 돌베개를 베고 잠들었던 한 지성인의 꿈에서 시작되었다. 바로 그 꿈이 인류의 미래를 밝혔고, 동서남북으로 티끌같이 퍼져서 오늘의 우리를 만들어냈다.

신은 진리 자체를
상징하기도 한다

야곱이 돌베개를 베고 자던 밤, 처음으로 하나님을 만난 사건을 두고 아인슈타인이 즐겨 했던 사고실험을 적용해 볼 수 있다. 야곱과 요셉이 살던 시대는 모든 것이 시작되고 형성되던 시기였다. 성서나 고전, 훌륭한 스승이나 지혜로운 성현의 책도 없었다. 그러나 사람들은 삶의 보편적인 원리와 지혜를 여전히 갈망했고, 이를 전할 방법이 필요했다.

문제는 진실을 뒷받침할 근거가 전혀 없었다는 점이다. 이야기가 사실임을 입증할 도구가 없다면 사람들은 그것을 믿지 못했을 것이다. 이때 가장 효과적인 장치는 바로 신의 말씀이었다. 절대적 권위를 지닌 하나님이 직접 말씀하시고 역사하는 것으로 기술하면, 그것이 곧 진리가 되었고 지혜가 되었다. 성서에서 하나님이 직접 등장하는 대목은 그래서 절대 진리로 간주된다.

오늘날에는 상황이 다르다. 수많은 지식과 고전, 도서관의 책과 논문들이 지적인 권위를 대신한다. 현대인은 자신의 주장이나 사실을 입증하기 위해 신의 계시를 인용하지 않는다. 대신 책, 통계, 논리적 증명, 유명인의 어록을 활용한다. 고대에 신의 말씀이 베스트셀러나 과학 논문보다 더 강력한 권위를 지녔다면, 오늘날 그 역할은 지식 체계가 대신하는 셈이다.

하지만 시대가 달라져도 본질은 같다. 불편함과 고생을 감수하는 돌베개 정신이야말로 변치 않는 진리다. 고대에는 이 진리를 신이 직접 말씀하심으로써 강조했다면, 오늘날에는 성공한 사람들의 사레나 책, 연구를 통해 입증하는 것이다.

하나님은 야곱에게 불편함을 감내하고 인내하며 목표를 향해 나아가는 돌베개 정신이 성공의 길임을 보여주셨다. 오늘날에도 자영업으로 성공한 사람들, 경연대회에서 우승한 가수들, 세계적 스포츠 선수들, 새로운 농업·어업으로 성과를 거둔 사람들 모두는 인내심의 화신이라 할 수 있다.

사실 인내심이 삶의 기반이라는 점은 대부분의 사람이 알고 있다. 그럼에도 신과 위대한 인물들이 인내를 반복해 강조하는 이유는, 알면서도 끝까지 지키기 어렵기 때문이다. 인내는 언제나 필요하지만, 실제로는 가장 실천하기 힘든 미덕이다. 사랑, 절제, 용기, 성실함도 마찬가지다. 쉬운 것을 미덕이라 하지 않는다. 힘들지만 지켜내야 좋은 것이 되기에 미덕이라 부르는 것이다.

성서에서도 하나님은 아무 때나 나타나지 않으셨다. 인간의 삶에서 가장 중요한 순간, 결단이 필요할 때 불변의 진리를 말씀하셨다. 그 진리 가운데 하나가 바로 돌베개 정신이다. 문명 세계에서 살아가는 한 인간이 반드시 간직해야 할 자세이며, 심장처럼 필수적인 것이다.

하나님은 얍복 강가, 세겜 등 주요한 순간마다 야곱과 요셉에게 나타나셨다. 이런 사건들은 다른 이야기보다 열 배, 백 배 더 중요한 의미를 지닌다. 이를 눈여겨보는 것이 지혜이며, 신의 섭리를 배우는 길이다. 반대로 이를 무시하는 사람은 결국 진리로부터 외면당한다.

야곱의 아들 요셉은 이집트에서 최고의 권력과 부를 얻었다. 그는 야곱이 가장 사랑한 아들이었고, 아버지의 정신을 가장 온전히 물려받았다. 따라서 요셉의 성공 역시 돌베개 정신 덕분이었다. 불편함과 인내를 감내하며 자신을 단련했기에 그는 역사의 주인공이 될 수 있었다.

돌베개 정신은 단순한 삶의 태도가 아니라, 신이 직접 강조한 절대 진리다. 인생 시험에 빠짐없이 등장하는 필수문제와도 같은 것이다. 이 책에서 그 정신만 제대로 이해하고 체질화한다면, 더 읽지 않아도 최고의 소득을 얻은 셈이다. 하지만 보이지 않는 정신이기에 관심 밖으로 밀려나기 쉽다.

따라서 우리는 의식적으로 관심을 기울이고, 좌우명처럼 늘 마음에 새기며, 생활 속에서 굳건히 다져야 한다. 돌베개 정신을 내 삶에 뿌리내릴 때, 그것이 곧 진리이자 성공의 열쇠가 될 것이다.

기초적인 배움과
더 배움

- 배움의 끝은 없다. 끝이라 느낄 때, 새로운 문이 열린다

사실주의적이면서
초현실주의적인 야곱의 삶

야곱의 인생을 그림에 비유한다면 사실주의 화가 쿠르베의 작품보다는 초현실주의 화가 살바도르 달리의 녹아내리는 시계나 피카소의 아비뇽의 처녀들에 더 가깝다. 그의 삶에는 현실과 신비가 동시에 존재했기 때문이다.

야곱의 이야기는 한편으로 평범하다. 쌍둥이로 태어나 형과 경쟁했고, 사랑하는 여인을 얻기 위해 여러 해 동안 봉사했으며, 많은 자녀를 낳았다. 하지만 동시에 그는 147세까지 장수했고, 하나님과 여러 차례 직접 소통했다. 이렇게 현실적인 사건과 초월적인 체험이 뒤섞여 있어, 그의 인생은 사실주의와 초현실주의가 교차하는 한 폭의 그림 같다. 따라서 야곱의 삶은 단순히 '현실'이나 '신비' 어느 한

쪽으로만 설명할 수 없다.

배움의 문을 연
야곱

야곱이 하란 땅에 처음 도착한 장소는 '우물가'였다. 그는 그곳에서 처음으로 라헬을 만난다. 우물은 단순히 물을 마시는 장소가 아니라, 상징적으로는 '배움의 원천'을 뜻한다. 우물의 무거운 돌 뚜껑은 닫혀 있던 지식의 문을 상징하며, 야곱이 혼자서 그 돌을 치웠다는 것은 그가 배움의 문을 스스로 열었다는 의미로 읽힌다.

라헬이 양 떼를 몰고 오는 순간 야곱은 초인적인 힘을 발휘한다. 이는 단순한 육체적 힘이 아니라, 배우고자 하는 열망이 폭발한 장면이다. 그가 라헬에게 키스하고 눈물을 흘린 것도 단순한 감정 표현이 아니다. 새로운 배움의 세계에 들어선 감격, 지성의 길로 들어선 환희의 눈물이었다. 오늘날로 치면 입학식 날, 새로운 세상을 마주한 학생의 벅찬 감정과 비슷하다.

들소 같은 사람,
양 같은 사람

야곱은 하란에 도착해 외삼촌 라반을 만나 한 달간 지낸 후, 라반의 둘째 딸 라헬을 아내로 얻기 위해 7년 동안 일했다. 사랑의 힘

덕분에 그 세월이 며칠처럼 느껴졌다고 한다.

그러나 약속된 날, 라반은 라헬 대신 언니 레아를 신방에 들여보냈다. 야곱은 분노했지만, 라반은 핑계를 대며 해명했다. 대신 라헬도 주겠으니 다시 7년을 더 일하라고 요구했고, 야곱은 이를 받아들였다.

첫 번째 7년은 '기초 교육'에 비유할 수 있다. 사람이 문자와 예절, 인성을 배우며 기본기를 쌓는 시기와 같다. 그러나 그 대가로 얻은 아내가 라헬이 아닌 레아였다는 점은 상징적이다.

'레아'라는 이름은 '사나운 들소'를 뜻하기도 한다. 들소는 집에서 기르는 온순한 소와 달리 야생적이고 거칠다. 이는 세련되지 않은 기초적 인간 본능, 즉 아직 다듬어지지 않은 단계의 배움을 상징한다.

반면 '라헬'은 '암양'을 뜻한다. 암양은 온순하고, 인간과 친밀하며, 새끼·젖·털·고기 등 다방면으로 유용하다. 라헬은 쓰임새가 많고, 세련됨과 고상함 등 고도화된 지성을 상징한다.

이처럼 레아는 기초적인 배움의 단계, 라헬은 성숙한 지성의 단계를 나타낸다. 오늘날에도 비슷한 대비를 볼 수 있다. 배움이 부족한 사람은 거칠고 투박한 언어를 사용하지만, 배움이 깊은 사람은 차분하고 세련된 언어로 자신을 표현한다. 성서는 이러한 대비를 통해 기초적 배움에서 출발해 더 높은 지성을 향해 나아가야 함을 보여준다.

시력이 약한 레아,
곱고 아름다운 라헬

창세기 29장 17절은 "레아는 시력이 약하고, 라헬은 곱고 아름답다"고 기록한다. '레아의 시력이 약하다'는 구절은 성경 번역에 따라 다르게 해석된다. 어떤 번역본은 부정적으로, 어떤 번역본은 '눈매가 부드럽다'는 긍정적 표현으로 옮긴다. 이는 히브리어 라크(rak)가 '부드럽다'와 '약하다'를 동시에 의미하기 때문이다.

그러나 문맥상 레아의 묘사는 부정적인 의미로 보는 것이 자연스럽다. 만약 레아가 아름답다고 했다면, 성경은 "라헬은 레아보다 더 아름답다"고 표현했을 것이다.

성경에서 '눈'은 통찰력을 상징한다. 따라서 레아의 시력이 약하다는 것은 통찰력의 부족, 즉 기초적이면서 미완성의 배움을 뜻한다. 초등 수준의 지식은 갖췄으나 깊이 있는 통찰이나 성숙한 사고에는 이르지 못한 상태다.

반면 라헬의 '곱고 아름다움'은 단순한 외모가 아니라, 기초 위에 쌓인 성숙한 지성, 완성된 교양을 의미한다. 야곱이 라헬을 얻기 위해 두 번째 7년을 더 일한 것처럼, 이는 심화교육의 과정이다. 기초교육을 마친 후 중등·고등·대학 교육을 거치며 점차 성숙해지는 인간의 지적 성장 단계를 상징한다.

색시가 바뀐 채
첫날밤을 보낸 야곱

야곱은 라헬을 얻기 위해 7년 동안 외삼촌 라반 밑에서 일했고, 약속된 날이 되자 성대한 잔치가 열렸다. 설레는 마음으로 신방에 들어간 그는 첫날밤을 보냈다. 그러나 다음 날 아침, 자신과 함께한 여인이 라헬이 아니라 언니 레아였음을 알게 되었다.

라헬 대신 레아와 첫날밤을 보내게 된 사건은 현실적으로 황당하지만, 상징적으로는 배움의 질서를 보여준다. 야곱이 처음 7년간 일해 얻은 레아는 '기초적인 배움'을 뜻한다. 누구나 사회생활을 위해 필요한 기본 지식과 예절을 익히지만, 그 단계만으로는 깊은 지성과 통찰을 얻기 어렵다.

야곱이 진정 바란 라헬은 '더 배우고자 하는 열망', 즉 고등교육과 고차원적 지성을 상징한다. 그러나 라헬을 얻기 위해서는 또 다른 7년의 수련이 필요했다.

따라서 첫날밤 새색시 바꿔치기 사건은 기본적인 것을 배우고 다 배운 것처럼 너무 들뜨고 자만하지 말라는 것이다. 전문가나 고수가 되려면 기본적인 것 또는 남들이 배운 것에 두 배 이상 시간과 노력을 기울여야 한다는 것이다.

첫날 밤 색시가 바뀐 것에 대해 야곱이 항의하자 라반은 "우리 지방의 풍습은 동생을 언니보다 먼저 시집보내지 않는다."고 말했다. 이것은 기초 교육(레아)을 건너뛰고 곧바로 고등 교육(라헬)에 도달할 수 없는 배움의 풍습이자 질서를 뜻한다. 예를 들어 덧셈과 뺄셈도 모르는 학생이 곧바로 미적분이나 상대성이론을 이해할 수 없는 것처럼, 학문에는 반드시 단계를 밟는 과정이 필요하다.

조선시대 명필 한석봉의 일화도 같은 교훈을 준다. 공부를 마쳤다고 생각하고 집으로 돌아온 그는, 어머니와의 떡 썰기·글씨 쓰기 시합에서 자신의 부족함을 깨달았다. 그리고 다시 학문에 매진하여 명필이 될 수 있었다.

사람들은 종종 기초 단계를 마치면 충분하다 착각하고 서둘러 세상으로 나가려 한다. 그러나 진정한 전문가가 되려면 다시 돌아와 심화 학습을 해야 한다. 야곱이 겪은 사건도 바로 이런 조급함을 깨닫게 해 준 것이다.

야곱이 벧엘에서 본 사다리 꿈처럼, 배움에도 단계가 있다. 초급·중급·고급·최고급 과정을 차례대로 밟아야만 하늘에 닿는 최고의 지성에 이른다. 선생이 제자에게 가르칠 때도 처음부터 최고 수준을 주지 않고, 먼저 기본을 가르친 후 심화 지식을 전수한다.

따라서 레아는 기초 지식, 라헬은 고급 지성을 의인화한 존재다. 야곱이 라반에게 속았다 항의했을 때, 라반은 사실 배움의 질서를 일깨워 준 것이었다. 야곱은 이를 깨닫고 기꺼이 7년을 더 배워 마침내 라헬을 얻었다.

오늘날로 치면 야곱은 기초·중등 과정을 마친 후, 대학이나 대학원, 혹은 해외 유학을 통해 더 심화된 배움을 쌓은 사람에 해당한다. 특별히 예외적인 인물이기보다는, 세상이 요구하는 학력 수준을 충실히 갖춘 사례라 할 수 있다.

열두 아들과
지성의 12가지 요소

- 지성은 한 줄기의 빛이 아니라, 열두 색의 스펙트럼이다

열세 명의 자식을 둔 바 있던
야곱과 톨스토이

성서에 따르면 야곱은 본처 두 명과 첩 두 명에게서 열두 아들과 딸 하나, 총 열세 명의 자녀를 두었다. 자녀가 많다는 사실 자체는 복으로 여겨진다. 더욱 놀라운 점은 그 많은 자식들 가운데 어린 시절에 죽은 이가 단 한 명도 없었다는 기록이다. 야곱이 임종 직전 자식들에게 유언을 남길 때까지 모두 살아 있었고, 최소한 60세 이상 장수했다. 특히 열한 번째 아들 요셉은 110세까지 살았으며, 성서에는 그의 형제들이 먼저 세상을 떠났다는 언급이 없다.

그러나 현실적으로 생각해보면 당시 사회는 상하수도나 공중보건 개념조차 없었다. 콜레라, 천연두, 페스트, 말라리아 같은 전염병이 주기적으로 창궐했고, 식량 부족으로 인한 영양실조도 흔했다. 또

한 노화, 퇴행성 질환, 성인병 역시 지금과 마찬가지로 사람들을 괴롭혔다. 이런 환경 속에서 열두 자식이 모두 장수했다는 이야기는 사실상 불가능해 보인다.

비슷한 예로, 러시아의 대문호 톨스토이를 들 수 있다. 그는 약 200년 전 태어나 아들 아홉, 딸 네 명, 총 열세 명의 자녀를 두었는데, 이는 야곱과 공교롭게도 같은 숫자다. 그러나 차이점은 분명했다. 톨스토이는 비교적 풍족한 시대와 환경에서 살았고, 가난하지 않았으며 자녀를 지키기 위해 돈을 아끼지 않았다. 그럼에도 불구하고 아들 넷과 딸 둘, 여섯 명의 자녀를 먼저 떠나보내야 했다.

이보다 더 이전으로 거슬러 올라가면 상황은 훨씬 열악했다. 유발 하라리는 저서 『사피엔스』에서 영국 왕 에드워드 1세(1235~1307)와 왕비 엘리노어의 자녀들을 예로 들었다. 그들 사이에서 태어난 열여섯 명의 아이 중 열한 살 이상 산 자녀는 여섯 명뿐, 마흔 살을 넘긴 자녀는 단 세 명에 불과했다. 당시 그들은 중세 유럽에서 누릴 수 있는 최고 수준의 환경인 풍족한 음식, 깨끗한 물, 뛰어난 의사들을 갖추고도 이런 결과를 피하지 못했다.

오늘날 현대 사회도 크게 다르지 않다. 우리나라 평균수명이 80세 전후라고 하지만, 모든 사람이 그 나이까지 사는 것은 아니다. 예를 들어, 60세에 이르면 동갑내기 친구들 중 이미 서너 명은 세상을 떠난 경우가 흔하다. 더구나 고대 사회에서는 통계적으로 어린아이 셋 중 한 명이 스무 살 이전에 사망했다고 한다.

이러한 사실들을 종합해보면, 야곱의 자식들 가운데 몇몇이 장수했을 가능성은 있지만, 열두 명 모두 장수했다는 기록은 현실적 사실이라기보다 상징적 의미로 이해하는 것이 더 타당하다. 성서가 말하는 '야곱의 열두 아들'은 실제 인물이라기보다, 인간의 복잡하고 추상적인 정신세계를 의인화한 개념일 가능성이 크다.

야곱의 열두 아들이 상징하는 지성의 12가지 요소 들

지성은 추상적이고 포괄적인 개념으로, 눈에 보이지 않는 정신작용이다. 야곱의 열두 아들은 이러한 지성의 다양한 측면을 의인화해 구체적으로 나눈 것이라 할 수 있다. 나무로 비유하면, 야곱은 몸통이고 열두 아들은 그 몸통에서 갈라져 나온 가지들, 즉 지성의 세부 요소들이다.

인간을 만물의 영장으로 만든 정신세계는 우주만큼 깊고 복잡하다. 이를 단순히 3개나 5개의 속성으로 구분하면 지나치게 단순화되어 정신의 풍부함을 담기 어렵다. 반대로 20개, 30개, 50개 이상으로 너무 세분화하면 복잡해져서 오히려 이해하기 힘들다.

음식을 예로 들어도 마찬가지다. 깍두기 김치를 담글 때 주먹만하게 크게 자르거나 콩알처럼 잘게 썰지 않는다. 먹기 좋은 2cm 내외의 적당한 크기로 썰어야 가장 알맞다. 정신적 속성도 이와 같이 사람들이 부담 없이 이해하고 섭렵해 기억할 수 있는 규모로 정리할 필요가 있다.

사람이 사물의 주요 속성을 파악할 때 단순하지 않으면서 너무 복잡하지도 않아서 가장 이해하기 좋은 수가 바로 12이다. 그래서 고대부터 12라는 숫자가 여러 상징에 반복적으로 쓰였다. 예를 들어 올림포스의 12신, 야곱의 12아들, 예수의 12제자, 우리나라 십이지(十二支)가 있다.

야곱의 아들들을 지성의 세부 요소로 이해하려면 그들의 직업, 성격, 삶의 모습 등을 살펴야 하지만 성서에 남은 자료는 제한적이다. 야곱이 147세에 임종을 앞두고 자식들에게 미래를 예언한 기록이 있으나, 내용이 다소 모호해 참고는 되지만 뚜렷한 성격 구분까지는 어렵다. 따라서 장남 르우벤과 라헬이 낳은 아들들, 그리고 시므온·레위 같은 인물들을 중심으로 관련 사건 속에서 그 의미를 살펴볼 수밖에 없다.

레아가 낳은 장남, 르우벤

레아는 야곱이 진정으로 사랑한 여인 라헬을 얻기 위해 어쩔 수 없이 아내로 맞이한 인물이었다. 그러나 만약 레아를 전혀 사랑하지 않았다면, 그녀와 사이에서 그렇게 많은 자식을 낳을 수는 없었다. 실제로 야곱은 라헬보다 레아와 사이에서 세 배나 많은 자식을 두었다. 이는 인간이 삶에서 갖춰야 할 기본적인 지식, 예절, 인성, 지성 등이 많다는 사실을 상징한다.

레아가 낳은 자식은 르우벤, 시므온, 레위, 유다, 잇사갈, 스불론, 그리고 외동딸 디나이다. 그 가운데 장남 르우벤(Reuben)의 이름은 "보라, 아들이다"라는 뜻을 지닌다. 고대 사회에서 여성에게 첫 아들을 낳는 일은 큰 영광이자 자부심이었다. 첫 아들은 가문의 계승자이자 제사를 주관하는 존재였고, 전사가 될 수 있으며, 왕가라면 왕위까지 물려받는 위치에 있었기 때문이다. 따라서 르우벤은 첫 아들에서 비롯되는 당당함과 자신감을 상징한다고 할 수 있다.

자신감 없는 사람은
자신에게 중범죄인이 된다

험한 현실을 건너는 데 가장 먼저 필요한 정신 자질이 자신감이다. 영리함·정의감·이해심·절제력이 있어도 자신감이 없으면 위축되어 실력을 내지 못한다. 대체로 사람들의 기본 실력은 큰 차이가 없다. 자신을 낮추고 상대를 올려다보는 순간, 싸워보기도 전에 진다.

첫 아들이 자산이 되듯, 실생활의 제1 자산은 자신감이다. 여기서 한 걸음 더 나아가, "자신감이 없다는 것은 자기 자신에게 저지르는 중범죄다." 그만큼 자신감의 결핍은 가볍게 넘길 문제가 아니다.

모세가 이스라엘 백성을 이끌고 광야에 있을 때, 하나님은 가나안 정복을 앞두고 정탐을 명하셨다. 열두 명이 다녀와 보고했는데, 열 명은 이렇게 말했다.

"그 땅에는 거인들이 삽니다. 우리는 그들 앞에 메뚜기 같았습니다. 그들 눈에도 우리가 그렇게 보였을 것입니다."

이 부정적 보고로 백성이 흔들리자, 하나님은 크게 진노하셨다. 부정 보고를 한 열 명은 재앙으로 죽임을 당했고, 그 의견에 동조하여 원망한 백성에게는 정탐 40일의 각 하루를 1년으로 쳐서 40년 광야 생활이라는 형벌이 내려졌다. 젖과 꿀이 흐르는 땅을 눈앞에 두고도 사막 같은 삶을 40년이나 감내해야 했던 진짜 이유가 여기 있다.

황폐한 사막과 같은 광야에서 40년간을 산다는 것은 매우 불행하고 힘든 삶이다. 하나님의 처벌은 이스라엘 백성으로 하여금 40년간 사막을 벗어나지 못하게 함으로써 집단유배형에 해당하는 중형을 내린 것에 해당한다. 이 40년은 금욕 수련이 아니라, 자기 비하와 자신감 결핍에 대한 엄중한 징계였다. 메시지는 분명하다. 자신을 메뚜기로 여기는 자신감이 극도로 결여된 태도는 패배를 자초하고, 공동체까지 사막 같은 삶으로 이끈다.

자신감과 관련해서 더욱 문제가 되었던 것은 "그들도 우리를 메뚜기로 보았을 것"이라는 생각이다. 이는 심리적 투사의 전형이다. 받아들이기 어려운 열등감·수치심을 타인에게 전가하는 심리다.

직장에서 위축된 사람은 스스로를 깎아내릴 뿐 아니라 상사·동료도 자신을 그렇게 본다고 믿는다. 가정에서 스스로를 낮추는 이는 배우자도 자신을 무시한다고 단정한다. 운동선수는 부진이 길어지면 상대도 나를 약체로 여긴다고 확신한다. 이렇게 자기 비하의 감정은 투사를 통해 타인의 시선도 왜곡시킴에 따라 더 깊은 위축의 악순환을 만든다.

지성은 앎의 축적만이 아니라 행동으로 끌어내는 힘을 포함한다. 그 첫 열쇠가 자신감이다. 자신감이 무너지면 판단·규율·리더십·성실·교류·창의성·정의·유연성·도전 같은 나머지 요소들도 제힘을 내지 못한다.

그러므로 자신감은 지성의 첫째 아들, 르우벤이다. 치열한 오늘을 살아가는 우리는 삶에서 "메뚜기"의 언어를 거두고, 당당함의 언어를 선택해야 한다. 그것이 사막 같은 삶에서 젖과 꿀이 흐르는 땅으로 방향을 트는 가장 현실적인 시작이다.

진정으로 사랑했던 라헬이 낳은 첫 아들 요셉

라헬이 낳은 두 아들, 요셉과 베냐민은 서열상 열한 번째와 열두 번째 아들이라 가장 늦게 태어났다. 그러나 이들은 다른 열 명의 아들들과는 본질적으로 차이가 있다. 다른 아들들은 야곱이 진정으로 사랑한 여인을 통해 태어난 자식들이 아니었고, 말 그대로 살다 보니 얻은 자식들이었다.

반면 라헬을 통해 태어난 두 아들은 야곱이 진정으로 사랑한 여인을 통해 얻은 결실이었으며, 야곱이 14년간의 대가를 치르며 기다려 얻은 소중한 아들들이었다. 라헬과 야곱은 두 아들을 간절히 바랐지만, 정작 가장 늦게 태어났기에 그 과정에서 마음고생이 컸다. 심지어 오랜 기다림에 지친 라헬과 야곱은 다투기도 했다. 그만큼 두 아들이 상징하는 특별한 지성은 얻기 힘들다는 의미이다.

야곱의 열두 아들은 인간의 지성을 구성하는 12가지 요소를 상징한다. 레아 등이 낳은 첫째부터 열째까지의 아들은 인간 세상에서 살다 보면 대부분 얻을 수 있는 기본적인 지성적 자질을 상징한다. 이는 살아가는 데 필요하지만, 특별히 내세울 만한 것은 아니다.

그러나 라헬이 낳은 두 아들은 보통 노력으로는 얻을 수 없는 특별한 지성을 상징한다. 레아로부터 얻은 자식들은 특별하게 사랑하지 않아도 생겨났지만 라헬로부터 얻은 자식들은 특별하게 사랑하고 관심을 가져서 생겨난 차이가 있다. 그래서 더욱 귀하고 가치 있는 자질이며, 야곱이 이들을 편애한 이유도 여기에 있다.

열한 번째 아들 요셉(Joseph)의 이름은 '더하다', '증가하다'라는 뜻이다. 이는 지금 아무리 초라하고 가진 것이 없거나 고난에 처해 있더라도 앞으로 더 나아가고 성장하려는 의지, 긍정적인 마음가짐을 의미한다. 야곱이 그렇게 간절히 원했지만 요셉이 쉽게 태어나지 않았다. 그 이유는 요셉이 상징하는 '더할 것'이라는 플러스적인 사고방식이 아무나 쉽게 가질 수 없는 귀한 지성이기 때문이다.

오랜 세월 끝에 야곱은 진정으로 사랑한 라헬을 통해 마침내 요셉을 얻었다. 그가 그토록 기다린 이유는 훗날 드러나게 된다. 요셉은 17세 소년 시절에 이집트로 내려가 온갖 고난을 겪었지만, 결국 이집트의 총리가 되는 큰 성공을 이뤘다. 특히 7년간의 대흉년이 닥쳤을 때, 그는 야곱과 온 가족을 이집트 땅으로 불러들여 안정적으로 먹여 살릴 수 있었다.

바로 이 '더할 것'이라는 요셉의 플러스적인 정신적 자질이 있었기에 가능한 일이었다. 그의 이름에 담긴 특별한 의미는 뒤에서 요셉의 생애 이야기를 통해 더욱 자세히 확인할 수 있을 것이다.

막내 베냐민을 낳다가
친엄마 라헬이 죽은 이유

야곱은 147세까지 살았다고 전해지는 설화적 인물이다. 그의 이야기는 단순한 가족사가 아니라, 인간의 지성이 어떻게 태어나고 발전하는지를 상징적으로 묘사한 것이다. 만약 야곱이 실제 인물이었고 라헬이 아이를 낳다 죽었다면, 사람들은 고대 사회에서 흔했던 난산의 결과로 여기고 큰 관심을 두지 않았을 것이다. 그러나 성서는 라헬의 난산과 죽음을 통해 지성의 가장 마지막 요소이자 얻기 힘든 자질이 베냐민임을 강조한다.

열두째 아들 베냐민(Benjamin)의 이름은 '오른손의 아들'을 뜻한다. 오른손은 동서양 모두에서 힘, 능숙함, 바름을 상징한다. 아랍 문화권에서 왼손은 부정한 용도로 쓰이고, 오른손은 악수·식사·선물 등에 사용된다. 영어의 right 역시 '오른쪽', '옳음', '권리'를 동시에 뜻한다.

또한 고대 사회에서 아들은 딸보다 힘이 세고 전사가 될 수 있으므로 우위에 있던 것이 사실이다. 따라서 '오른손의 아들'이라는 표현은 단순한 강점이 아니라 강점이 이중으로 강조된 존재, 곧 실력 그 자체를 가리킨다.

라헬은 난산 끝에 숨을 거두며 아이의 이름을 '베노니(Benoni, 내 슬픔의 아들)'라 불렀다. 그러나 야곱은 곧바로 그 이름을 '베냐민(오른손의 아들)'으로 바꿨다. 그토록 사랑했던 아내의 마지막 뜻을 존중하기보다, 슬픔을 실력으로 바꾸는 가치를 표현한 것이다.

죽어가는 어머니가 아들에게 평생 죄책감을 남길 이름을 붙였을 가능성은 적다. 오히려 성서는, 베냐민으로 상징되는 탁월한 실력은 반드시 큰 희생과 대가를 치른 후에야 얻어진다는 사실을 이 장면에 담아낸 것이다.

라헬의 죽음은 '친엄마 같은 태도'와 작별해야 실력이 태어난다는 교훈을 상징한다. 친엄마는 자녀를 너그럽게 감싸며 "나이 들면 다 하게 돼", "공부만 강요하면 애가 비뚤어진다"라고 말한다. 그러나 이런 훈육 태도는 실력을 쌓는 데 방해가 된다.

실력은 불편함과 피곤함을 감수하며 반복적으로 학습하고 훈련한 결과다. 남들이 놀고 쉴 때 똑같이 따라 한다면 결코 남보다 뛰어날 수 없다. 자신을 마치 계모처럼 엄격히 관리해야만 탁월함에 도달할 수 있다.

많은 동화와 전설에서 주인공은 친엄마가 죽고 혹독한 계모 밑에서 성장한다. 신데렐라, 콩쥐 등 수많은 이야기들이 그렇다. 친엄마의 보호 대신 고난을 겪으며 실력을 키운 덕에 결국 부귀와 성공을 얻는다. 야곱 자신도 공부하러 외삼촌 라반에게 가며 친엄마 리브가와 영원히 이별했다. 이는 지성을 얻기 위해서는 '친엄마적인 느슨한 자기 관리'를 버려야 함을 다시금 보여준다.

야곱은 가장 나중에 얻은 아들 요셉과 베냐민을 특별히 사랑했다. 두 아들은 인간 지성이 가장 소중히 여기는 두 자질인 '더할 것(요셉)'과 '실력(베냐민)'을 상징한다. 이 두 가지가 있어야만 사람은 세상의 큰 파도를 이겨내고 원하는 삶을 살아갈 수 있다.

라헬을 얻는 삶,
요셉과 베냐민의 덕목까지 지닌 사람들

라헬은 아내를 넷이나 뒀던 중동의 한 고대 유목민의 처가 아니라, 지성·품격·우아함·이상(理想) 자체를 상징한다. 더 배우고 더 노력해 인간 세상에서 존경받는 지성인, 신사·숙녀가 되고 싶은 열망은 시대와 문화를 초월해 인류 보편의 꿈이었다.

그래서 야곱이 라헬을 얻기 위해 "7년에 7년을 더한" 것처럼, 우리 역시 긴 시간 공부하고 수련하며 자신을 갈고닦는다. 그 길은 결코 헛되지 않아 많이 배운 사람, 깊이 생각하는 사람, 그 자체가 이미 라헬과 함께 살아가는 삶이다.

그러나 라헬을 얻는 것과 요셉·베냐민을 얻는 것은 또 다른 차원의 문제다. 석사, 박사, 전문직, 고학력… 이러한 외적 준비가 요셉과 베냐민을 보장해 주지는 않는다. 요셉과 베냐민은 더할 것의 정신, 즉 배수진을 치고 끊임없이 전진하는 사람에게만 주어지는 결실이기 때문이다.

라헬과 결합했는지 여부에 따라 세상 사람들을 네 부류로 나눌 수 있다. 첫째, 레아와 결혼한 채 멈춘 사람들이다. 기본적인 생활과 안정은 얻었지만, 더 성장하려는 욕망을 잃은 사람들이다.

둘째, 레아를 얻은 뒤 포기하지 않고 계속 노력해 결국 라헬까지 얻은 사람들이다. 이들은 배움과 수양을 통해 품격을 장착한 사람들이다.

셋째, 라헬까지 얻었으나 여전히 요셉과 베냐민을 낳지 못해 "내가 이러려고 이렇게 배웠나…"라는 갈등을 겪는 사람들이다. 이상은 있으나 행동력·도전력이 부족하여 결실을 맺지 못한 사람들이다.

마지막 네 번째가 바로 라헬을 얻고 요셉과 베냐민까지 얻은 사람들로, 인류 역사에 족적을 남긴 위인·영웅·스타들이 여기에 속한다. 예를 들어 에디슨은 라헬을 얻은 지성인이었다. 그러나 전구를 발명하기까지 수천 번의 실패를 겪어도 멈추지 않았던 배수진의 정신 덕분에 요셉과 베냐민을 얻었다. 그는 단순히 '똑똑한 사람'이 아니라, 집요하게 더한 사람이었다.

우리가 어떤 사람에게 매력을 느낄 때도 마찬가지다. 단순히 얼굴이나 말투 때문이 아니라, 그 사람의 내면에 숨어 있는 라헬적 품격, 요셉적 도전성, 베냐민적 실력의 깊이와 결실이 알게 모르게 심장을 울린다. 우리는 본능적으로 그런 사람에게 끌린다. 이유는 간단하다. 그 속에서 미래를 보기 때문이다.

결국, 인류 역사에 큰 족적을 남긴 사람들은 라헬과 결혼하고 요셉과 베냐민을 얻었던 사람들이다. 지금도 수많은 사람이 라헬을 얻기 위해 배우고 노력 중이다. 여기서 한 걸음 더 나아가 끊임없이 더하며 실력을 쌓는 사람만이 요셉과 베냐민이라는 귀중한 덕목을 자신 속에 지니게 된다.

청출어람

(青出於藍)

- 진정한 스승은 제자에게 자신을 넘어설 용기를 가르친다

기존 지식을 심화, 응용 발전시켜 나가는 야곱

야곱 이야기 중 가장 주술적으로 보이는 장면 중 하나는 양을 증식시키는 방법이다. 야곱은 독립하기 위해 라반으로부터 무늬나 점이 전혀 없는 흰 양과 염소들만 받아 자신의 것으로 삼았다. 야곱은 나뭇가지를 잘라 껍질을 벗기고 흰 줄무늬를 만든 뒤, 양떼가 모이는 물구유에 그것을 세워 두었다. 그러자 양들이 그 앞에서 교미하고 무늬가 있거나 점이 있는 새끼들을 낳았다고 한다.

이 이야기는 단순한 주술적 묘사라기보다, 야곱이 기존 지식을 응용하고 새로운 시도를 한 상징적 표현으로 이해할 수 있다. 거칠고 울퉁불퉁한 나뭇가지는 그가 배운 거친 지식을 상징한다. 그것을 매끄럽게 다듬고 무늬까지 냄으로써 좀 더 심화 발전시키는 노력에

해당한다.

그가 라반에게서 받은 '무늬 없는 양'은 기초적인 종자 지식에 해당한다. 단순하고 보편적인 지식에서 출발했지만, 야곱은 그것과 다듬은 나뭇가지를 심화·응용하여 새로운 무늬 있는 양을 탄생시켰다. 이는 곧 무(無)에서 유(有)를 창조한 것, 즉 지금까지 세상에 없던 지식·기술·도구를 만들어낸 혁신적 행위라 볼 수 있다.

다른 이들이 단순한 지식과 기술에 머무를 때, 야곱은 거기서 멈추지 않았다. 그는 자신이 배운 것을 실험하고 확장해 더 우수한 결과를 얻어냈다. 주변 사람들 눈에는 그것이 신비롭고 놀라운 능력처럼 보였을 것이다. 그러나 실제로는 기존 지식을 응용하고 발전시키려는 끊임없는 태도에서 비롯된 것이었다.

야곱처럼 늘 배우고 탐구하는 사람은 기초 지식에 만족하지 않는다. 그들은 기본을 발판으로 새로운 가능성을 발견하고, 더 깊이 탐구하며, 마침내 새로운 지식을 창출한다. 바로 이런 사람들이 있었기에 인류는 불가능에 도전하고 새로운 세계를 열어 오늘날의 문명에 도달할 수 있었다.

야곱의 행위는 지적인 혁신이다. 혁신을 이루기는 어렵지만 세상을 크게 이롭게 하기에 성공하면 큰 보상이 따른다. 그래서 스마트폰, 반도체, 인공지능, 노래, 영화, 제약 등 생활 모든 분야에서 수많은 사람들이 혁신을 위해 노력한다.

드라빔을 깔아뭉개는 라헬,
스승을 넘어서는 야곱

야곱은 밤낮 가리지 않고 열심히 일해서 가축을 불려 큰 부자가 되었고, 라반과 그의 자식들은 그를 시기하기 시작했다. 결국 야곱은 가족과 함께 몰래 도망쳤다. 이때 그의 아내 라헬은 아버지 라반이 가정 수호신으로 모시던 드라빔(Teraphim)을 훔쳐 나왔다.

드라빔은 크기가 다양했는데, 손에 들고 숨길 수 있는 작은 것도 있고 사람 크기만 한 것도 있었다. 팔레스티나 지방에서는 '가족 수호신'을 뜻했고, 우가리트[2]어로는 '육성하는 자들', 히브리어로는 '고치다, 치료하다'라는 의미의 라파(rapha)에서 유래했다고 한다. 이는 곧 학생을 가르치고 키워내는 스승이나 전문가의 권위를 상징한다. 라헬이 아버지의 드라빔을 훔쳤다는 것은 곧 야곱이 이제 라반에게서 충분히 배워, 더 이상 배울 것이 없는 단계에 이르렀음을 의미한다.

라반이 드라빔을 찾으려 했을 때, 라헬은 그것을 낙타 안장 밑에 숨기고 그 위에 앉아 있었다. 예의상 내려 인사해야 했지만, 그녀는 월경 중이라 내려올 수 없다고 둘러댔다. 그러나 실제로는 아버지의 권위, 곧 드라빔을 자기 엉덩이 밑에 깔아뭉개고 있던 것이다. 이는 곧 스승 라반의 권위를 제자인 야곱이 넘어섰다는 상징적 표현이다.

◇ ◇ ◇

2) 기원전 1800~1200년경에 가장 번성했던 지중해 연안에 있었던 시리아의 고대 항구도시다. 1929년부터 프랑스 발굴팀이 점토판 문서를 발견하며 우가리트의 존재가 널리 알려졌다.

중국의 고사성어 청출어람(靑出於藍), 즉 "쪽에서 나온 푸른색이 쪽 빛보다 더 푸르다"는 말처럼, 제자가 스승보다 더 나아졌음을 보여 준다. 지식은 기존 지식을 기반으로 새로운 지식을 낳고, 결국 스승 의 권위는 더 뛰어난 제자에게 무너지게 된다. 이는 불행이 아니라 지성과 문명이 발전하는 자연스러운 과정이다.

성서에서 하나님이 라반에게 나타나 "야곱에게 좋은 말이든 나쁜 말이든 하지 말라"고 경고한 것도 같은 맥락이다. 이는 야곱이 스승 을 넘어서는 것이 이미 정해진 순리임을 드러낸다.

철학자 니체는 "제자가 계속 제자로만 남는다면 스승에 대한 고 약한 보답"이라 했다. 스승은 제자를 가르쳐 언젠가 자신을 뛰어넘 게 해야 하고, 제자는 배운 것을 바탕으로 지식을 더 심화·응용하 여 세상에 기여해야 한다. 야곱 역시 언제까지나 라반 밑에 머물 수 없었다.

라반의 권위는 라헬의 엉덩이 밑에서 무너졌다. 야곱은 배운 지식 을 토대로 새로운 지식을 창조해 지적인 독립을 이루고 신지식인이 되었다. 흥미로운 점은, 야곱이 라헬의 행동을 전혀 몰랐다는 사실 이다. 그래서 라반이 드라빔을 내놓으라 다그칠 때, 야곱은 "그것을 훔친 자는 죽여도 좋다"고까지 말했다. 이는 곧 자신도 모르는 사이 에 이미 스승을 뛰어넘은 단계에 도달했다는 것을 보여준다.

여기서 라헬이 드라빔을 훔친 주체라는 점도 중요하다. 레아는 야 곱이 처음 7년간 노력해서 얻은 아내로, 이는 기초 지식과 인성 교 육 정도에 해당한다. 그러나 그것만으로는 스승의 권위를 넘어설 수 없다.

반면 라헬은 "7년에 7년을 더한 노력" 끝에 얻은 아내로, 이는 지식을 더 깊고 넓게 쌓은 전문화의 단계를 상징한다. 초등 수준의 배움으로는 스승을 넘어설 수 없지만, 고등 학문을 거쳐 국제 학술지에 논문을 발표하는 연구자가 스승을 능가하는 경우는 흔하다. 라헬은 바로 그 고도화된 배움을 상징한다.

라헬이 드라빔을 훔쳐 깔아뭉갠 사건은 단순한 가정사나 우상 숭배 이야기가 아니다. 그것은 스승의 권위를 넘어서는 제자의 지적 독립, 그리고 지식이 발전하는 불가피한 과정을 상징한다. 야곱은 라반에게서 배운 것을 바탕으로 새로운 지식을 창출하며, 마침내 스승을 넘어선 신지식인으로 자리매김하게 된다.

청출어람이 가능하게 한
야곱의 노동관

야곱이 스승을 뛰어넘는 실력을 갖춘 지성인이 되고, 결국 스스로 부자가 될 수 있었던 핵심에는 단 하나의 비밀이 있었다. 바로 일을 대하는 태도였다. 성서는 야곱이 낮에는 찌는 더위를 견디고 밤에는 살을 에는 추위를 버텨내며, 눈 붙일 새도 없이 부지런히 일했다고 기록한다.

누군가는 피하고 싶어 할 그 고단함을 야곱은 묵묵히 받아들였고, 그 결과는 놀라웠다. 수많은 가축과 재산, 그리고 하인들을 거느리는 자리까지 오르게 된 것이다.

야곱이 보여준 모습은 일을 고통으로만 보는 사람들과 대조된다. 그는 일을 사랑했고, 일이 주는 의미와 보람을 충분히 느끼며 살았던 사람이다. 삶이 일 때문에 무너지는 것이 아니라, 오히려 일이 있기 때문에 삶이 유지된다는 사실을 깊이 이해한 사람이다.

이 관점을 더 잘 보여주는 고전 우화가 있다. 이솝우화의 〈비둘기와 은혜 갚은 개미〉는 보통 '보은(報恩)'의 이야기로 알려져 있다. 하지만 그 이면을 조금만 깊이 들여다보면, 일을 바라보는 관점과 미래를 준비하는 지혜가 숨어 있음을 발견하게 된다.

우화 속 개미는 불어난 물에 빠져 허우적거린다. 이것은 단순한 사고가 아니라, 갑자기 일이 폭증한 상황을 상징한다. 개미처럼 부지런하고 성실한 사람에게는 오히려 일이 더 몰려온다. 책임감이 있는 사람일수록 더 많은 일을 떠안게 된다.

그러다 보면 어느 순간 일의 강물에 빠진 듯 숨이 막히고, "이 일을 언제 다 하지?"라는 절망감이 밀려온다. 성실함이 부메랑처럼 자신을 잠식하는 순간이다. 일을 바라보는 것만으로도 피로가 몰려오고, 의욕이 사라지며, 자신이 수렁에 빠진 것만 같은 감정에 사로잡히게 된다.

바로 그때, 비둘기가 나뭇잎 하나를 떨어뜨린다. 행복을 상징하는 비둘기는 그 나뭇잎을 통해 "그래도 네가 일할 수 있음에 감사하고, 행복하다"고 생각하라고 알려준다.

고단한 하루 속에서도 가족을 먹이고, 삶을 꾸리고, 누군가에게 필요하다는 사실 자체가 행복임을 깨닫게 해주는 작은 위로이다. 비둘기, 즉 평화와 행복의 상징은 멀리서 우리에게 속삭인다. "행복은 일이 없어서 오는 게 아니라,

일이 있음으로써 네가 살아 있음을 느낄 때 태어난다."

이 자각을 하는 순간, 우리는 일의 강물 앞에서도 주눅 들지 않고

다시 팔을 걷어붙이게 된다. 일의 무게는 동일하지만 마음의 방향이 달라지면서 일이 짐이 아니라 기회와 축복으로 변모하는 것이다.

야곱도 그랬다. 밤낮으로 끝이 없는 일을 처리하면서도 "왜 나만 이렇게 고생해야 하나"라고 원망하지 않았다. 오히려 일이 쏟아지는 현실을 하나의 축복으로 여겼다. 일이 많았기 때문에 가족을 돌보고, 재산을 만들고, 인생의 기초를 쌓을 수 있다고 생각했다. 그 긍정적 관점이 그의 기력을 지켜줬고, 청출어람의 성취를 가능하게 했다.

시간이 흘러 우화 속 비둘기는 나무 위에서 벌레를 맛있게 먹으며 현실을 즐긴다. 사람들도 열심히 일해 어느 정도 재산을 모으고 살림이 안정되면 비슷한 상태에 빠진다. 안락함은 달콤하다. 그러나 그 달콤함은 종종 미래를 잊게 만드는 은밀한 마취제가 된다.

그때, 우화에서는 사냥꾼이 조용히 다가온다. 행복에 취해 주변을 놓친 비둘기를 향해 방아쇠를 겨누는 그의 모습은 바로 미래의 불확실성, 예고 없는 위기, 준비 없는 사람을 노리는 위험을 상징한다.

행복은 미리 대비하고 지켜야 하는 것이다. 행복은 준비 없이 지속되지 않는다. 그리고 결정적인 순간, 바로 그때 개미가 사냥꾼의 발을 물어 비둘기를 구한다.

개미의 행동은 단순한 보은이 아니다. 그것은 행복을 지키는 힘이 무엇인지 명확하게 보여주는 장면이다. 미래를 준비하는 개미, 유비무환의 정신이 행복을 지켜준다.

개미는 먹이를 보아도 바로 먹지 않는다. 집으로 운반하고, 쌓아두고, 나누고, 내일을 대비한다. 이 습성은 성실함 그 자체도 되지만, 단순한 근면을 넘어선 미래 준비의 상징이다. 개미의 부지런함이 비둘기의 행복을 지켜냈듯, 현실에서도 미래를 대비하는 사람만이 행복을 지속할 수 있다.

야곱은 바로 이 개미와 같은 사람이었다. 그는 일의 강물에서 허우적거릴 때도 행복을 잃지 않았고, 어느 정도 재산이 모였을 때도 방탕이나 안일에 빠지지 않았다. 늘 내일을 준비했고, 눈앞의 호사보다 장기적인 안정을 택했다.

그래서 그의 재산은 단순히 "많아진 것"이 아니라 지속적으로 불어난 것이었다. 한순간의 행운으로 얻은 것이 아니라, 일을 사랑하는 마음과, 행복 속에서도 미래를 잊지 않는 지혜가 만들어낸 견고한 축복이었다.

개미가 물에 빠졌을 때 비둘기가 준 메시지는 "끝없이 밀려오는 일속에서도 행복을 잃지 말라"는 깨달음이었다. 반대로 비둘기가 사냥꾼에게 쫓길 때 개미가 준 메시지는 "행복 속에서도 미래를 잊지 말라"는 경계였다.

지성인 야곱의 노동관은 이 두 가지 메시지를 완벽하게 구현한 실천이었고, 그 실천이 바로 그의 인생을 청출어람의 경지로 끌어올린 원동력이었다. 그의 이러한 노동관은 일의 형태와 종류가 매우 다양해지고 기하급수적으로 불어난 현대의 지성인들에게도 변함없이 적용되는 불변의 진리에 해당한다.

구세대 지성인과
신세대 지성인의 공존협정

제자가 스승을 뛰어넘는 지식과 지성을 갖추게 되면, 서로의 영역이 충돌하며 갈등이 생기기도 한다. 야곱과 라반도 그런 상황에 놓였다. 결국 두 사람은 길르앗(Gilead) 산에서 돌기둥을 세우고 돌무더기를 쌓아 갈르엣(Galeed, '증거의 무더기')이라 부르며 경계를 삼았다. 이는 서로의 영역을 존중하는 일종의 신사협정이었다.

라반은 기존 지식과 전통을 가르치는 구세대 스승이고, 야곱은 그 지식을 바탕으로 응용·심화하여 새로운 지식을 창출한 신세대 제자였다. 두 사람은 갈르엣을 경계로 서로의 영역을 인정하며, 각자 다른 방식으로 지성을 담당하게 된 것이다.

이 관계는 자연계의 모습과도 닮아 있다. 동물의 새끼는 사냥이나 생존 기술을 어미에게 배우며 자란다. 그러나 충분히 성장하면 어미를 떠나 독립해야 하고, 다시는 어미의 영역을 침범하지 않는다. 라반과 야곱도 마찬가지였다. 스승에게 배우던 제자가 이제는 독립하여 자신만의 영역을 구축할 때가 온 것이다.

이 협정이 맺어진 길르앗 산의 이름에도 의미가 담겨 있다. '길르앗'은 '울퉁불퉁한 낙타봉'이라는 뜻이다. 단봉낙타처럼 등에 혹이 하나만 있을 때는 산 같은 형태지만 쌍봉낙타처럼 두 개 이상일 때는 울퉁불퉁하다고 표현할 수있다.

길르앗 산은 곧 구세대 지성인 라반과 신세대 지성인 야곱이 나란히 우뚝 서 있는 모습을 상징한다. 사막 같이 산이 없고 평평한 지형에서는 이런 모습이 더욱 인상적이다. 이는 오늘날 흔히 말하는 학계의 거두, 양대 산맥과 같은 개념이다. 그곳에서 돌무더기를 쌓고 협정을 맺은 것은, 서로의 권위를 존중하며 지적으로 공존하고 공생한다는 의미다.

중년 신사 야곱의
고뇌와 회심

- 회심은 신에게로의 귀환이 아니라, 자기 자신에게로의 귀환이다

50대 어느 날
삶이 멈춰버린 야곱

야곱은 라반을 떠나 고향으로 돌아가라는 하나님의 명령을 받고 큰 부자가 되어 귀향길에 올랐다. 얍복 강을 건너던 중, 가족과 재물을 모두 강 건너편으로 보내고 홀로 남게 된다. 바로 그때, 어떤 이가 찾아와 날이 새도록 씨름을 벌였다. 그는 야곱을 이길 수 없음을 알고 그의 엉덩이뼈를 쳐서 상처를 입혔다.

그러나 야곱은 축복을 요구했고, 마침내 "네 이름을 야곱이라 하지 않고 이스라엘이라 부르리라"는 선언과 함께 축복을 받았다. 야곱은 "내가 하나님과 대면하고도 살아남았다"며 그곳을 브니엘이라 불렀다.

야곱은 이미 부와 명예, 자식까지 갖춘 자수성가한 중년 신사였

다. 그러나 모든 것을 강 건너에 두고 홀로 남자, 생애 처음으로 자신만의 시간을 맞이했다. 세속적 성공과 행복에 파묻혀 살 때는 미뤄두었던 질문들이 고개를 들었다. 지금까지 무엇을 위해 그렇게 달려왔나? 앞으로 내 인생은 어디로 향할 것인가?

이런 근원적 질문은 성공한 사람만의 고민이 아니다. 평범한 사람들도 삶의 어느 시점에서는 반드시 맞닥뜨리게 된다. 삼성 창업주 이병철 회장이 신부에게 던진 24가지 질문이 있다.

- 신의 존재를 어떻게 증명할 수 있나?
- 신이 인간을 사랑했다면, 왜 고통과 불행과 죽음을 주었는가?
- 신은 왜 악인을 만들었나? (예: 히틀러나 스탈린, 갖가지 흉악범들)
- 지구의 종말은 오는가?

이러한 질문 역시 같은 맥락이다. 이는 위대한 기업가나 사상가뿐 아니라, 누구나 삶의 전환기에 겪는 보편적 의문이다.

이때 야곱의 나이는 지천명(知天命), 곧 50대 전후였을 것이다. 자식도 여럿 키웠고 재산도 축적했지만, 신체는 쇠약해지기 시작한다. 오십견, 관절통, 기억력 감퇴, 성적 능력 저하 등 몸 곳곳에서 노화의 신호가 온다. 젊음을 지탱하던 에너지가 시들고, 마음의 에너지는 갈 곳을 잃는다. 이 시기에 많은 이들이 이유 없는 방황을 겪는다.

얍복(Jabbok)의 어원은 "쏟아붓다, 비우다, 공허하다, 쇠약하다"라는 뜻이다. 야곱이 홀로 남았을 때 느낀 공허감과 상실감, 무력감은 바로 이 이름에 담겨 있다. 오늘날로 치면 갱년기 증후군, 혹은 얍복강 증후군이라 부를 만하다.

인간은 영생을 원하지만, 영생 자체가 모순을 품고 있다. 만약 죽지 않는 삶이 가능하다면, 서두를 이유도 긴장도 사라지고 결국 모든 기능은 퇴화할 것이다. 그것은 살아 있음이 아니라 무생물 상태와 다르지 않다. 그러나 그렇다고 죽음을 기꺼이 받아들일 수 있는 사람도 없다. 영생과 죽음 사이의 충돌, 이것이 인간 존재의 불가피한 현실이다.

야곱이 하나님과 밤새 씨름했다는 것은 단순한 육체적 싸움이 아니라, 바로 이런 삶과 죽음, 인간과 신, 의미와 허무에 대한 씨름이었다. 그는 고뇌 끝에 결국 하나님의 축복을 얻었고, 새로운 이름 '이스라엘'을 받으며 다시 길을 나설 수 있었다.

회심(回心)의
축복

야곱이 얍복 강가에서 겪은 사건은 일종의 회심(回心)이라 볼 수 있다. 그는 하나님을 믿는 사람이었지만, 이전까지는 재물과 성공, 쾌락에 몰두한 세속적 삶에 깊이 빠져 있었다. 네 명의 아내와 13명의 자식을 두었고, 수백 마리의 가축을 형 에서에게 선물할 만큼 큰 부를 축적했다. 이는 그가 얼마나 치열하게 일하며 살아왔는지를 보여준다.

그러나 50대 어느 날, 야곱의 삶은 멈춰 섰다. 돌베개를 베고 고생하던 시절에 쌓은 지성과 노력으로 성공했지만, 어느 순간 재물도,

가정의 행복도 더 이상 삶의 의미를 채워주지 못했다. 그 당시 읽을 말씀도, 부를 찬송도 없는 깊은 어둠 속에서 그는 "왜 살아야 하는가?"라는 질문과 맞닥뜨렸다.

그런 상태에서 야곱은 사랑하는 가족과 재산을 모두 강 건너편에 두고 홀로 남았다. 그 고독한 밤, 그는 삶의 본질과 죽음, 신앙의 문제를 정면으로 마주했다. 이는 오늘날 우리가 말하는 중년의 영혼 위기, 혹은 깊은 내적 갈등과 같다.

그는 하나님 혹은 천사와 씨름하며 "축복하지 않으면 결코 놓아주지 않겠다"는 절박함으로 밤을 보냈다. 결국 그는 "네 이름을 다시는 야곱이라 하지 않고 이스라엘이라 부를 것이다"라는 축복을 받았다. 야곱은 자신과 씨름한 존재가 인간을 넘어선 권위자임을 알고 있었다. 그럼에도 불구하고 집요하게 매달려 축복을 받아낸 것이다.

'야곱'은 지성을 강조하는 이름이다. 그러나 하나님은 그 이름 대신 '이스라엘'을 주셨다. 이는 곧 인간의 지성만으로는 삶의 근원적 질문에 답할 수 없다는 사실을 일깨운 것이다.

야곱은 라반 밑에서 지식을 쌓으며 경제와 사회에서 성공을 거뒀다. 그러나 지천명(知天命)의 나이, 50대에 접어들면서 삶의 초점은 자연스럽게 죽음과 신앙, 존재의 의미로 옮겨갔다. 지금까지 수많은 지성인들이 이런 질문을 다뤘지만, 누구도 확실한 해답을 내놓지는 못했다. 따라서 "야곱이라는 이름을 쓰지 말라"는 명령은 그가 지성 중심의 삶에서 벗어나 새로운 차원의 길, 곧 영성의 길로 들어서야 한다는 뜻이었다.

야곱이 새로운 이름을 얻은 것은 단순한 개명(改名)이 아니다. 이는 기존의 삶을 버리고 완전히 새롭게 태어난 회심의 사건이다. 지성만으로 해결되지 않던 삶의 고뇌 속에서, 그는 영성을 붙잡음으로써 내면의 새로운 빛을 발견했다. 야곱의 회심은 곧, 인생의 의미는 지성에만 있지 않고 영성으로 확장될 때 비로소 완성된다는 사실을 보여준다.

자신의 소유물이나
욕망과 거리두기의 중요성

야곱이 얍복 강가에서 홀로 하나님(또는 천사)을 만난 것은 우연이 아니었다. 그는 무슨 잘못을 저질러 책망을 받을 상황도 아니었고, 특별한 공적을 세워 칭찬을 들을 만한 순간도 아니었다. 그런데도 신이 나타났다는 것은, 야곱이 스스로 큰 결심을 했거나 삶의 태도에서 중대한 변화를 보여주었기 때문이라 할 수 있다.

야곱이 하란으로 떠날 때에도 신은 나타나셨다. 그것은 돌베개를 베고 자는 고생을 감수하면서까지 공부하겠다는 그의 굳센 의지를 보셨기 때문이다. 얍복 강가에서의 사건도 마찬가지였다. 그는 평생 애지중지하던 재물과 가족, 권력, 명예, 학식 등 모든 소유물과 일시적으로나마 거리를 두었다. 바로 그 순간, 신이 그에게 축복을 주실 여건이 마련되었다.

사람이 평생 쌓은 성취와 재산은 분신과도 같다. 빌 게이츠가 전 재산을 내려놓거나, 노벨상 작가가 작품을 버리거나, 세계적 축구 선수가 경력을 내려놓는 것을 떠올려 보라. 그것은 결코 쉬운 일이 아니다.

야곱이 재산을 강 건너로 보냈다는 것은 단순한 이동이 아니었다. 그것은 재물에 대한 집착에서 벗어나려는 의지를 상징한다. 그는 실제로 타인이나 지역사회를 돕는 방식으로 기부에 가까운 행위를 했을 것이다. 작은 공동체였던 당시 사회에서, 이런 나눔은 곧 소유물과 거리를 두는 행위였다.

이와 유사한 사례로 미국 석유왕 록펠러를 들 수 있다. 그는 50세 초반까지 돈만 아는 일벌레였고, 극도로 탐욕스러웠다. 그러나 53세에 희귀한 소화기 질환에 걸려 머리카락과 눈썹이 빠지고 음식을 거의 먹지 못하게 되었다. 마치 그리스 신화 속 미다스 왕처럼 모든 것을 돈으로 바꿨지만, 정작 생존조차 위협받는 상황에 직면한 것이다.

죽음의 문턱에서 그는 회심을 경험했다. 은퇴 후 여유로운 삶을 시작했고, 시카고 대학 설립, 질병 퇴치 사업, 교회 등에 막대한 재산을 기부했다. 놀랍게도 그는 건강을 회복했고 이후 무려 98세까지 장수했다. 자신의 소유물과 거리두기를 하고 나눔을 실천함으로써 새로운 인생을 살게 된 것이다.

야곱이 소유물과 거리를 두려 한 목적은 단순히 재물을 버리기 위해서가 아니었다. 그는 그것들이 일시적 가치일 뿐 절대적이거나 본질적인 것이 아님을 깨달았다. 신은 언제나 사람들이 평생 애써 얻은 것을 내려놓고 집착을 버릴 때 더 큰 축복을 주셨다.

아브라함이 아들을 제물로 바치려 했을 때, 그는 열국의 아버지라는 축복을 받았다. 한국의 손순, 중국의 곽거 역시 부모를 위해 자식을 희생하려 했을 때 오히려 보화를 발견하고 왕으로부터 상을 받았다. 결국 자신이 세상에서 가장 소중하게 여기는 소유물과 욕망에서 자유로워질 때 비로소 더 큰 축복이 열린다.

야곱의 삶의 태도가 회심을 통해 근본적으로 바뀐 증거

성경에는 하나님에 의해 이름이 바뀐 사람들이 여럿 등장한다. 믿음의 조상 아브라함의 본래 이름은 '존귀한 아버지'라는 뜻의 아브람(Abram)이었다. 하나님은 그가 99세 되던 해 언약을 맺으며 '열국의 아버지'라는 뜻의 아브라함(Abraham)으로 개명하셨다.

그의 아내 역시 '나의 여왕' 사래(Sarai)에서 '여왕, 안주인'이라는 뜻의 사라(Sarah)로 이름이 바뀌었다. 여호수아서의 주인공 여호수아도 원래는 호세아(Hoshea, 구원)였으나, 모세가 "여호와의 구원"이라는 뜻의 여호수아(Joshua)라고 불러주면서 이름이 정착되었다.

이처럼 아브라함, 사라, 여호수아 모두 이름이 바뀌기는 했지만, 철자와 발음이 유사하고 이름의 뜻 또한 큰 틀에서 비슷하다. 과거의 흔적이 이어지며 완전한 단절은 아니었다.

그러나 야곱은 달랐다. 야곱은 본래 '발꿈치를 잡은 자'라는 이름을 가졌으나, 얍복 강가에서의 회심 사건 이후 '하나님과 겨루어 이긴 자'라는 뜻의 이스라엘로 완전히 다른 이름을 받았다. 의미와 뉘앙스가 모두 달라져, 그는 전혀 새로운 존재로 거듭난 것이다.

회심(回心)의 속성은 바로 이처럼 근본적인 변화다. 세속적 욕망에만 빠져 살던 사람이나 철저한 무신론자가 회심을 하면 전혀 다른 사람으로 변해 주위 사람들을 놀라게 한다.

야곱 역시 회심 이전에도 신을 알았지만, 그분을 욕망을 채워주는 분으로만 이해했다. 젊은 시절 야곱에게 신의 은총은 성공과 재물을 얻기 위한 수단이었다. 그러나 인생의 후반부로 갈수록 그는 세속적 성취만으로는 채워지지 않는 영적 갈망과 마주했다. 그리고 회심을 통해 마침내 마음의 안정을 찾았다.

하나님이 야곱의 엉덩이뼈를 친 이유

야곱이 하나님과 씨름할 때, 하나님은 그의 엉덩이뼈를 쳐서 절뚝거리게 하셨다. 이는 곧 야곱으로 상징되는 인간의 지성이 아무리 치열하게 고민해도 인생의 근원적 질문 앞에서는 절름발이에 불과하다는 의미다. 인간의 지성만으로는 완전히 설 수 없고, 모든 것을 다 알 수도 없다는 것이다.

인간은 자신들이 신을 닮은 유일한 영장류라며, 다른 동물과는 비교할 수 없는 지성을 가졌다고 자부한다. 그러나 실제 삶을 들여다보면 동물들조차 비웃을 법한 자가당착적인 모습을 보이기도 한다.

예를 들어, 사람들은 축구라는 경기에서 표면에 오각형과 육각형이 그려진 둥근 공을 두 팀이 쫓으며 뛰고 차고 소리친다. 골문에 공이 들어가면 주인 만난 개처럼 펄쩍 뛰며 환호하고, 어떤 이는 고릴라처럼 가슴을 치거나 웃통을 벗고 재주를 넘는다. 이 광경을 지켜보기 위해 엄청난 돈을 지불하기도 하고, 월드컵 결승전 표는 수십 배 값을 주고도 구하기 어렵다.

하지만 쇠똥구리가 둥근 똥을 굴리는 행위는 후손 번식을 위한 생산적 행위다. 인간이 공을 차며 보내는 열정이 동물보다 더 낫다고 말할 수 있을까? 결국 인간의 지성이 만들어낸 문화라 해도 그 본질은 맹목적 열정의 충성일 뿐이다.

인간은 지성의 힘으로 만물의 영장이라 불리며 문명의 혜택을 누려왔다. 그러나 동시에 환경오염, 기후변화, 핵전쟁 같은 위기를 자초해 지구와 인류를 바람 앞 등불처럼 위태롭게 만들었다. 야곱의 이름 뜻이 '발뒤꿈치를 잡은 자'라는 사실은 의미심장하다. 인간의 지성은 발전을 이끌었지만, 동시에 스스로의 발목을 잡아 넘어뜨리는 부작용을 낳고 있는 것이다.

야곱은 하나님과 대면하고도 살아남은 것을 기념해 그곳을 브니엘(하나님의 얼굴)이라 불렀다. 이는 하나님을 직접 대면하는 일이 얼마나 위험한지, 죽음을 초래할 수 있는 사건임을 역설적으로 보여준다. 인생의 중년 이후 찾아오는 영혼의 고뇌와 방황도 그만큼 위태로운 순간임을 상징한다.

다행히 야곱은 하나님과의 씨름 끝에 마음의 안정을 얻었다. 성경은 특히 그가 브니엘을 떠날 때 해가 돋았다고 기록한다. 이는 그의 고뇌와 어둠이 물러가고 새로운 날, 새로운 삶이 시작되었음을 뜻한다.

야곱이 얍복 강가에서 가족과 재물을 건너편으로 보낸 것은 단순한 행동이 아니다. 그것은 세속적 행복과 가치와의 거리두기였다. 하나님이 그곳에 나타나신 이유는 분명하다. 인생은 짧고, 세속적 행복이 전부가 아님을 깨닫게 하기 위해서다. 야곱은 그 순간부터 자신의 삶을 돌아보며, 이제는 영혼을 돌보는 길을 걷기 시작했다.

그리스 신화 아폴론과
아르테미스에 비춰보는 야곱

야곱은 젊은 시절부터 장자권을 얻고자 돌베개를 베고 공부하며 지적 성장을 쌓았다. 그 결과 그는 많은 가축과 하인을 거느릴 만큼 외적으로 자수성가한 사람이 되었다. 그러나 인간의 삶은 외적 성공만으로는 채워지지 않는다. 톨스토이를 비롯한 유명인들의 사례에서 보듯이 내적인 성숙과 영적 안정에 대한 갈망이 반드시 찾아온다.

그리스 신화에는 헤라 여신의 방해 속에서 어렵게 태어난 남녀 쌍둥이 신, 아폴론과 아르테미스가 있다. 아폴론은 태양처럼 눈부신 외적 성공을 상징한다. 그는 '빛나는 자(포이보스)'라 불리며, 권력자·전문가·챔피언·부자 같은 사회적 성공을 대변한다. 아르테미스는 달처럼 은은한 내적 성공을 상징한다. 화려하지 않지만, 정신적 성숙과 건강, 자기다움을 담고 있으며, 그녀의 이름 뜻인 '건강'도 이와 연결된다.

사람들은 흔히 아폴론처럼 드러나는 성공을 갈망한다. 명예와 부, 스포트라이트는 강렬하지만, 태양빛이 오래 머물지 않듯 이 성공도 시간이 지나면 사라지고 공허가 뒤따른다. 반면 아르테미스의 빛은 은은하지만 길 잃은 이들을 인도하며 내면의 평온을 준다.

많은 사람들이 건강이 무엇보다 중요하다고 입버릇처럼 말을 한다. 큰 재물 획득, 권력과 명예 등 외적인 성공 추구로 노심초사하고 스트레스를 받다 보면 건강을 잃기 마련이다. 아르테미스적인 내적인 안정과 균형적 생활을 통해 건강한 삶의 필요성을 사람들이 본능적으로 알고 있다는 의미이다. 건강을 뜻하는 아르테미스라는 이름이 물질만능주의 현대 사회에서 각광받는 현상은 자연스러운 일이라 하겠다.

객지에서 큰 성공을 거둔 야곱도 얍복 강가에서 내적 공허와 마주했다. 외적 성공만으로는 채워지지 않는 허전함과 상실감, 우울이 몰려왔던 것이다. 이는 오늘날 인기 연예인, 스포츠 스타, 정치인, 심지어 노벨상 수상자들조차 겪는 내적 위기와 다르지 않다.

만약 야곱이 끝까지 아폴론적인 성공만 추구했다면, 그는 비극의 주인공이 되었을지도 모른다. 그러나 그는 하나님과 씨름하며 이 위기를 극복했고, "이스라엘"이라는 새 이름을 얻으며 내적 성숙으로 나아갔다.

내적인 성숙은 외적 성공만큼 눈에 띄지는 않지만, 삶을 지탱하는 진정한 힘이다. 달빛처럼 고요하고 은은한 내적 성공은 영혼을 지켜내며 방향을 알려준다. 아폴론과 아르테미스가 쌍둥이로 존재하듯, 외적 성공과 내적 성숙은 대립이 아니라 균형을 이룰 때 완전해진다.

아폴론만 추구하면 화려하지만 마음은 공허해지고, 아르테미스만 추구하면 내적으로 평안하지만 현실적으로 불안정해 진다. 따라서 사람은 낮에는 태양처럼 세상 속에서 빛나고, 밤에는 달처럼 내면을 지켜내야 한다.

야곱은 외적 성공만 추구하다가 공허함에 직면했을 때, 거리두기를 하며 내적 성찰로 방향을 전환해 균형 잡힌 삶을 살았다. 바로 이 점에서 그는 아폴론과 아르테미스의 상징을 함께 살아낸 인물이라 할 수 있다.

야곱의 회심에 비견되는 톨스토이의 회심

야곱처럼 인생의 얍복 강가에서 하나님과 씨름하며 고뇌했던 현실의 지성인이 있다. 바로 러시아의 대문호 톨스토이다. 그는 귀족 가문에서 태어나 34세에 결혼하여 60세까지 9남 4녀, 총 13명의 자녀를 두었다. 이는 12남 1녀를 둔 야곱과 공교롭게도 자식 수가 같다. 톨스토이는 대저택과 480만 평의 광대한 토지, 300필의 말, 수백 명의 농노를 거느린 대부호였다. 명예, 재산, 가정까지 모두 갖춘 삶이었다.

그러나 그가 누린 풍요로움이 곧 행복은 아니었다. 톨스토이는 『참회록』에서 다음과 같이 고백한다.

> "나는 전쟁에서 사람을 죽였고, 결투를 했고, 도박으로 재산을 잃었으며, 농민들의 결실을 착취했다. 간음과 기만, 폭행, 절도… 내가 저지르지 않은 죄악이 없을 정도였다. 그럼에도 사람들은 나를 도덕적인 인간이라 여겼다."

50대에 접어들며 그의 삶은 갑자기 정지되었다. 먹고 자고 숨 쉬는 것조차 의미가 없었고, 그는 자살 충동에 시달렸다. 줄에 목을 매거나 총으로 생을 끊을까 두려워 집 안의 줄과 총을 치워버릴 정도였다.

『참회록』에서 그는 또 이렇게 말했다. "나는 삶과 행복이라는 기만 뒤에 완전한 절멸만 있음을 똑똑히 보았다. 멈출 수도, 되돌아갈 수도 없었고, 그 사실을 외면할 수도 없었다."

사랑하는 가족, 존경, 건강, 명성까지 모두 갖추고도 그는 공허와 절망에 빠졌다. 인간의 지성으로 얻은 외적인 성공만으로는 "왜 사는가?"라는 근본 질문이나 완전한 절멸 등에 답할 수 없었기 때문이다.

톨스토이의 위기는 그리스 신화 속 악타이온[3] 과 비슷하다. 악타이온은 외적으로는 최고의 성공을 거둔 인물이었으나, 숲속에서 아르테미스의 알몸, 곧 자신의 발가벗은 내면과 마주하는 순간 두려움에 사로잡혀 사슴으로 변하고 만다. 자신이 기르던 사냥개 - 즉 외적인 성공만을 향해 달려온 맹목적 열정 - 에게 갈기갈기 찢겨 죽는 비극을 맞았다.

신화가 전하려는 메시지는 분명하다. 외적인 성공만 추구하고 내면을 방치하면 누구든 악타이온 같은 비극의 주인공이 될 수 있다. 톨스토이 역시 외적 성공의 절정에서 내적 공허와 마주했고, 그 위

◇ ◇ ◇

3) 악타이온은 양봉 기술을 전파한 아리스타이오스의 아들이다. 그는 반인반마 켄타우로스인 케이론에게 양육되었고, 사냥 기술도 배웠다. 그는 어느 날 숲속 샘터에서 목욕하던 아르테미스 여신의 알몸을 우연히 본 죄로 자신이 기르던 사냥개들에게 물려 비참한 죽음을 맞이했다.

기를 극복해야 했다.

『참회록』의 마지막에서 그는 상징적인 꿈을 기록했다.

> 그는 밧줄 침대 위에 누워 있었는데 상반신만 걸쳐 있고 하반신
> 은 끝없는 심연 위에 매달려 있었다. 아래를 보면 죽음의 공포
> 가 엄습했으나, 위를 바라보자 마음이 진정되었다. 위에는 무궁
> 한 하늘, 무한한 심연이 펼쳐져 있었다. 그리고 어떤 목소리가
> 말했다.
>
> "잘 보아라, 이것이 그것이다. 보아라, 그리고 잊지 말아라."
>
> 그는 기둥에 매여 있는 매듭에 몸을 의탁하고 위를 바라보며 안
> 도했다.

이것은 자신의 방황을 매듭짓고, 신적·우주적 질서 앞에서 겸손히
고개 숙일 때 비로소 구원받을 수 있다는 깨달음을 의미한다.

톨스토이는 결국 재산과 저작권을 사회에 환원하며 명예와 소유
로부터 거리를 두었다. 이 과정에서 아내와 갈등을 겪었고, 말년에
는 기차역에서 쓸쓸히 생을 마감했다. 그러나 그는 회심을 통해 외
적인 성공과 내적인 성숙 사이의 균형을 회복한 지성인으로 거듭났
다. 그의 삶은 야곱처럼 보여준다. 참된 지성은 외적 성취에만 있지
않고, 내면의 성찰과 영성의 회심에서 완성된다.

야곱이 에서와
화해하다

야곱은 오랫동안 공부하고 삶의 기술을 배우며 지성을 쌓았다. 그 지성으로 외적인 성공을 거두고 편리하고 안정된 삶을 누렸지만, 내면의 공허함은 채워지지 않았다. 결국 그는 얍복 강가에서 하나님과 씨름하며 회심을 경험했다.

그 후 형 에서를 만난 사건은 단순한 형제의 화해가 아니라, 그동안 억눌러 온 자신의 야성과 대면하는 과정이었다. 심리학적으로 말하면, 의식과 단절된 무의식을 통합하는 순간이었다.

야곱은 형의 장자권과 축복을 가로챈 일을 깊이 의식하고 있었다. 그는 형의 분노를 누그러뜨리기 위해 수백 마리의 가축을 선물로 보냈다. 이는 곧 자신의 지성이 무시하고 억압해온 야성적 본능을 존중하며 소통하려는 태도였다.

인간은 태어날 때 야성적 본능을 지닌 채 태어나지만, 부모와 사회의 양육을 통해 지성이 발달한다. 이 과정에서 본능은 열등한 것으로 여겨져 무의식 속에 억눌리기 마련이다. 그러나 무작정 억압하면 지성과 야성 사이에 갈등이 생기고, 언젠가는 폭발한다.

성경은 에서가 400명의 장정을 이끌고 야곱을 맞이했다고 기록한다. 당시 상황을 고려하면 이는 오늘날 수천 명에 버금가는 큰 세력이었다. 이는 곧 야성적 본능이 지성으로는 감당하기 어려울 만큼 강력한 힘을 지니고 있음을 상징한다.

야곱의 태도 여하에 따라, 에서와 그의 장정들은 괴물이나 폭도처럼 돌변할 수도 있었다. 실제로 무의식의 힘은 신체적 폭력뿐만이 아니라, 극심한 스트레스와 갈등, 중대한 실수, 병이나 중독으로 나타날 수 있다.

야곱은 두려움에도 불구하고 대열의 맨 앞에 서서 형에게 일곱 번 엎드려 절했다. 이는 자신의 야성과 무의식을 피하지 않고 겸손히 받아들이려는 태도였다. 그 순간 예상과 달리 에서는 달려와 야곱을 끌어안고 입을 맞췄으며, 두 형제는 함께 울었다. 두려움은 사라지고 정신적 화해와 통합이 이루어진 것이다.

심리학은 말한다. 억압된 본능과 무의식은 외면할수록 강해지고, 언젠가 폭발한다. 실제로 우리는 정치인, 고위 공직자, 종교 지도자, 교수, 연예인들이 성추문, 막말, 음주운전, 마약, 우울증 등으로 몰락하는 모습을 본다. 이들은 겉으로는 지성과 고상함을 내세웠지만, 결국 내면의 야성이 폭발해 삶을 무너뜨린 것이다. 이름 없는 수많은 사람들도 똑같은 경험을 하고 있다. 이러한 붕괴는 순간적으로 인간성을 상실하게 만들고, 이후에는 자기부정과 자책감 속에서 암흑기를 겪게 된다.

야성이나 무의식은 내가 외면한다고 사라지지 않는다. 오히려 억압할수록 더 강력해져 언젠가는 폭도로 변할 수 있다. 그러므로 야곱처럼 겸손히 자신을 낮추고, 진심으로 내면과 소통하는 과정이 필요하다.

야곱은 일곱 번 절함으로써 이를 실천했다. 현대인들이 그처럼 자신의 내면 앞에 진정으로 무릎 꿇는 일은 쉽지 않다. 그러나 내면의 평화와 안정을 위해서라도, 왜 야곱이 그렇게까지 했는지 깊이 새겨볼 필요가 있다.

정의가 강간당할 때
침묵했던 지성인

- 지성이 침묵할 때, 악은 법의 이름으로 웃는다

야곱의 딸 디나 강간 사건,
정의가 짓밟히다

야곱은 형 에서와 헤어진 뒤 세겜 성 앞에 장막을 치고 가족과 함께 머물렀다. 그에게는 레아를 통해 얻은 외동딸 디나(Dinah)가 있었는데, 이름의 뜻은 히브리어로 '정의'이다.

그곳에서 디나는 성의 지배자 세겜에게 강간을 당한다. 그러나 세겜은 범죄를 저지른 뒤에도 디나를 마음 깊이 사랑한다며 청혼을 원했다. 디나 역시 그를 좋아했는지는 알 수 없다. 이 사건은 단순한 개인적 비극을 넘어, 디나의 오빠들이 대규모 학살로 복수하는 계기가 되었다는 점에서 일반적인 강간 사건과 차원을 달리한다.

세겜(Shechem)의 이름은 '어깨'를 뜻한다. 넓은 어깨는 힘과 권력의 상징이다. 따라서 세겜이 디나를 강간했다는 것은 곧 힘과 권력이 정의를 짓밟은 사건으로 해석할 수 있다. 여성이 순결을 생명처럼 지키듯, 사회 역시 정의를 지켜야 한다. 성서는 이 이야기를 통해 단순한 성범죄가 아니라 사회적 정조라 할 수 있는 정의가 훼손된 사건을 다루고 있는 것이다.

인류 역사를 보면 정의는 늘 힘과 권력 앞에 무너져 왔다. 강자가 약자를 억압하고, 강대국이 약소국을 침략해 식민지로 삼고 자원을 빼앗았다. 독재자는 민심을 억압하며 자신들의 행위를 오히려 '최고의 정의'라 합리화했다. 세겜이 디나를 욕보인 뒤 결혼을 청한 것 역시, 힘으로 정의를 훼손해 놓고 그것을 정의라 포장하려는 역설적 상황이다.

정의는 힘 있는 자가 내세운다고 해서 정의가 되지 않는다. 행위가 바르고 동기가 정당할 때만 참된 정의라 할 수 있다. 그러나 가정, 직장, 정부, 국제사회에는 여전히 세겜처럼 자신의 권력과 지위를 앞세워 정의와 인권을 짓밟는 사람들이 존재한다. 특히 견제 장치가 부족한 후진국이나 독재 정권에서 이러한 일이 빈번하다.

결국 이 사건은 단순히 고대의 개인적 비극이 아니라, 인류 사회에서 반복되어 온 권력과 정의의 갈등을 상징적으로 보여준다. 그래서 성서는 오래전부터 이러한 문제를 신화적 이야기 속에 담아 경고하고 있는 것이다.

마음은 권력이라는
뽕밭에 가있던 야곱

창세기 33장 17절에 따르면, 야곱은 먼저 한 곳에 이르러 집과 가축의 우리를 짓고 그곳 이름을 숙곳이라 불렀다. 이어지는 18절에서는 가나안 땅 세겜 성 앞에 이르러 장막을 치고, 그 땅을 은 백 세겔을 주고 샀다고 기록되어 있다. 숙곳이 세겜 성 앞을 가리키는 것인지 불분명하지만, 서술의 흐름에는 모순처럼 보이는 부분이 있다.

숙곳(Succoth)은 히브리어로 작은 집이나 오두막을 의미하며, 이는 보금자리를 뜻하는 '쑥카'에서 유래했다. 집을 짓는다는 것은 삶의 터전을 마련하는 행위이고, 작은 오두막은 소박한 삶을 상징한다. 즉, 야곱이 숙곳에서 보낸 시간은 자수성가한 그가 소박한 삶을 누리며 지성인으로 살아가던 모습을 보여준다.

하지만 야곱은 곧 세겜 성 앞에 장막을 치고, 그 땅을 큰돈을 주고 구입했다. 세겜(Shechem)은 힘과 권위, 권력을 상징한다고 살펴본바 있다. 소박한 보금자리에서 권력을 상징하는 세겜 성 앞으로 거처를 옮긴 것은, 야곱이 권력을 추구하는 마음으로 변했음을 드러낸다.

흥미로운 점은 숙곳에서는 땅값을 지불했다는 언급이 없는데, 세겜에서는 은 백 세겔이라는 거금을 주고 땅을 샀다는 사실이다. 상식적으로는 집을 지을 땅에 돈을 내고, 단순히 장막을 칠 곳에는 적은 돈을 내는 것이 맞는데, 야곱은 정반대로 행동했다. 이는 단순한 서술의 모순이 아니라, 그의 마음이 어디에 가 있었는지를 보여주는 단서라 할 수 있다.

야곱은 재산을 모아서 소박한 삶의 터전을 마련했지만, 어느새 권력의 세계에 끌려 세겜 성 앞에 자리를 잡았다. 생활이 안정되니 권력, 권위, 힘에 대한 욕심이 고개를 든 것이다. 이는 고대 사회에서 사유 재산을 지키려면 강자의 힘이 필요하다는 불안감과도 연결된다.

"말 타면 경마 잡히고 싶다"는 속담처럼 인간의 욕심에는 끝이 없다. 소박한 삶보다 더 큰 무언가를 원했던 야곱은, 결국 권력을 상징하는 세겜 성 앞에 장막을 치게 되었다.

이 모습은 오늘날에도 여전히 반복된다. 자영업자나 사업가, 교사나 교수, 공무원, 노동자, 건물주, 연예인 등 다양한 사람들이 일정한 성공과 안정을 얻으면 정치권력을 기웃거리곤 한다. 인정받고, 지위를 유지하며, 존재감을 확고히 하려는 본능 때문이다.

이는 동물 세계의 수컷들과도 비슷하다. 사자, 하마, 심지어 순한 양과 사슴까지도 암컷을 차지하기 위해 뿔과 머리로 치열하게 싸운다. 최고 자리에 오르면 여러 암컷을 독점하고 자신의 유전자를 퍼뜨릴 수 있기 때문이다. 인간의 권력욕 역시 본질적으로 이와 다르지 않다. 고대의 왕들이 수많은 여인들을 거느렸듯, 현대의 정치 지도자들 역시 권력과 함께 자연스레 이성의 관심을 한 몸에 받는다. 결국 야곱은 자수성가한 소박한 삶에서 멈추지 못했다. 그의 마음은 권력이라는 '세겜의 뽕밭'에 가 있었고, 안정된 삶 이후 더 큰 권력을 향해 나아갔다.

자기 딸이 강간당했는데
침묵한 야곱

성서를 보면, 야곱의 외동딸 디나가 강간을 당했을 때 야곱은 아들들이 들에서 양을 치고 있었으므로 그들이 돌아올 때까지 침묵했다. 그러나 딸이 여러 명도 아니고, 눈에 넣어도 아프지 않을 하나뿐인 딸이었다. 그런 딸이 강간을 당했다면, 보통 아버지라면 노발대발하며 제정신이 아닐 것이다. 그런데 야곱은 어설픈 이유를 대며 침묵했다.

야곱은 하나님의 사랑과 은총을 받아 '이스라엘'이라는 특별한 이름까지 하사받은 인물이다. 그런 그가 당연히 분노해야 할 불의 앞에서 침묵했다는 것은 이해하기 어렵다. 단순히 겁쟁이였거나, 혹은 기득권자로서 실리를 계산한 침묵이었을 것이다. 오랫동안 배움을 쌓은 지성인이었다면 당장 보복하지 않더라도 최소한 분노는 드러냈어야 했다. 그럼에도 그는 끝까지 침묵했다.

물론 성경은 그가 아들들이 돌아올 때까지 침묵했다고 설명한다. 그러나 이후에도 야곱은 화를 내거나 복수하지 않았다. 오히려 그의 아들들이 속임수로 세겜을 침으로써 자신을 욕되게 했다고 분개했다.

디나는 '정의'를 뜻하는 이름을 가졌고, 아들들에 비해 단 하나뿐인 소중한 딸이었다. 그러나 고대 사회에서 딸은 아들보다 가치가 낮게 여겨졌다. 전사가 될 수 있는 아들과 달리, 딸은 재산과 권력의 논리에서 뒷전이었다. 야곱의 침묵은 정의가 소중하지만, 재산이나 목숨을 걸고 지켜야 할 가치는 아니라는 태도를 보여준다.

야곱은 이미 재산을 축적하고 사회적 지위를 가진 기득권층이었다. 기득권자들은 본능적으로 자신의 지위와 재산을 지키려 한다. 권력자에 의해 정의가 짓밟히더라도, 직접 나서 싸우지 않는 이유가 여기에 있다. 나섰다가는 잃을 것이 너무 많기 때문이다. 결국 야곱에게 정의는 계륵(鷄肋)[4] 같은 존재였다. 외면하자니 양심에 찔리고, 지키자니 손해가 두려운 가치. 그래서 그는 실리를 위해 침묵을 택했다.

오늘날에도 이 모습은 크게 다르지 않다. 정의가 강간당하듯 짓밟혀도, 지성인들이 침묵하는 이유는 자기보호 본능 때문이다. 평소에는 정직과 정의를 하늘처럼 떠받들지만, 막상 법정에 서서 자신의 이익이 걸리면 정직은 헌신짝처럼 버려진다. 그 순간 '금도끼 은도끼' 이야기는 지구가 아닌 안드로메다의 동화처럼 멀어져 버린다.

지성인이나 보통 사람이나, 자기보호 앞에서는 정의쯤은 쉽게 버린다. 정치인들은 그 정도가 더 심하다. 어제는 옳다던 정책도, 오늘은 자기 당의 이해관계에 맞추어 악법으로 규정한다. 당 대권주자의 불법이나 불의가 드러나도, 정의가 훼손돼도 입을 닫는다. 그들의 모습 속에서 우리는 다시, 디나 사건 앞에서 침묵했던 야곱의 그림자를 보게 된다.

◇ ◇ ◇

4)   삼국지에 나오는 고사성어로 닭의 갈비뼈라는 뜻이다. 살이 거의 붙어있지 않은 닭의 갈비뼈처럼 큰 쓸모나 이익은 없으나 그렇다고 버리기는 아까운 사물을 의미할 때 쓰인다. 한중(漢中) 땅을 놓고 조조와 유비가 싸울 때 전황이 불리해진 조조가 한중 땅에 대해 유비에게 넘겨주긴 아깝지만 실익이 없다고 판단해 철수하면서 생겨난 말이다.

청년 계층은 정의가 짓밟힐 때
분개하고 일어난다

야곱은 침묵했지만, 그의 피 끓는 아들들 시므온과 레위는 달랐다. 그들은 정의를 짓밟은 세겜을 징벌하기 위해 나섰다. 아버지와 달리 재산이나 사회적 지위가 없는 젊은이들이었기에 잃을 것이 거의 없었다. 세속의 때가 묻지 않은 청년들은 부와 지위보다 이상과 사회 정의, 자유와 민주, 인권을 더 중시한다. 그래서 그들은 권력에 의해 정의가 더럽혀지고 짓밟히는 상황에서 침묵하지 않는다. 분노하며 연합해 일어나 "정의는 우리 편이다, 물러나라"를 외치며 권력에 맞선다.

현대 사회도 크게 다르지 않다. 독재 정권이나 대기업 회장이 정의를 짓밟을 때, 기득권층은 좀처럼 나서지 못한다. 알면서도 눈을 감거나, 자신이 비난받을까 두려워 장기 휴가를 내고 해외로 몸을 피하기도 한다. 혹은 자신의 지위와 재산이 안전하다고 판단될 때에만 조심스레 집단 성명에 동참한다.

반면 기득권이 없는 대학생, 노동조합, 시민단체 등은 눈과 귀를 닫지 않는다. 그들은 거리로 나서고, 비난 성명을 내며, 직접 행동한다. 드라마나 영화 속에서도 종종 이런 대비가 그려진다. 고위 정치인 아버지는 침묵으로 일관하지만, 대학생 아들은 시위의 선두에 서며 아버지와 갈등하는 모습이다.

독재 정권의 약점과 치부를
할례를 통해 알아내다

디나를 강간한 세겜과 그의 아버지가 야곱에게 딸을 달라며 청혼했을 때, 야곱은 큰 어른임에도 침묵했다. 대신 그의 아들들이 분노하여 보복을 결심했다. 그들의 계획은 속임수였다. "너희가 우리처럼 할례를 받는다면 누이를 주겠다"는 조건을 내세운 것이다.

성서는 세겜이 디나를 사랑했기에 지체하지 않고 할례 제안을 받아들였다고 기록한다. 그러나 이것은 진정한 사랑이 아니라 권력자가 명분을 포장하는 방식이었다. 역사 속 스탈린, 카스트로, 김일성과 같은 독재자들도 모두 자신들의 독재를 '정의로운 세상 건설'이라는 명분으로 정당화했다. 세겜 역시 '디나를 사랑한다'는 말을 내세워 자신의 불의한 권력을 정당화하려 한 것이다.

독재 정권에게 가장 불편한 존재는 젊고 혈기왕성한 저항 세력이다. 한국 군사독재 시절 정권 퇴진 운동을 벌이던 학생운동처럼, 야곱의 아들들은 당시 권력자 세겜에게 눈엣가시 같은 존재였다. 세겜이 직접 찾아와 회유하려 한 이유도 바로 여기에 있었다.

야곱의 아들들은 힘으로 정면 대결하지 않았다. 권력자의 군사력, 재력, 정보력에 비하면 자신들의 힘은 미약했기 때문이다. 대신 협상의 형식을 빌려 속임수를 썼다. 그것이 바로 할례 요구였다.

원래 할례는 성경 속에서 종교적 정화의식으로 긍정적 의미를 지닌다. 그러나 야곱의 아들들이 제안한 할례는 달랐다. 그것은 상대의 약점을 드러내게 하고 무장 해제시키는 장치였다. 포피가 은밀한 부분을 가리듯, 권력자들의 치부와 악행은 감춰져 있다. 뇌물 수수,

정적 감금, 납치, 고문, 살인 등은 권력자들이 절대 밖으로 드러내지 않는 비밀이다. 야곱의 아들들은 "포피를 잘라내듯 너희 권력의 치부를 드러내라"는 의미로 할례를 요구했다.

세겜 같은 권력자가 스스로 약점을 드러낼 리 없다. 그러나 아들들은 논리로 그의 경계심을 무너뜨렸다. "우리도 치부를 숨기고 있었지만, 먼저 할례를 통해 그것을 드러냈다. 이제 너희 차례다. 같은 족속이 되려는 사람들끼리 감출 것이 있어서는 안 된다." 이런 식으로 설득하면서 은근히 협박조로, 요구를 거절하면 디나를 데려가겠다고 압박했다.

결국 세겜은 흔쾌히 제안을 받아들였다. 세겜이 원한 것은 정의로운 남편이 되는 것보다, 자신의 권력을 정당화해 줄 '정의의 명분'이었다. 그리고 그 열쇠를 쥐고 있던 야곱의 아들들을 자기편으로 만들기 위해, 그들의 요구조건을 받아들였던 것이다.

세겜의
착각과 실수

야곱의 아들들, 세겜과 그 일행들이 다 같이 할례한 사람들이 됨으로써 그들의 치부와 약점을 똑같이 드러내고 공유하는 사이가 됐다. 이러한 행위가 겉으로 봐서는 공평한 것처럼 보인다. 여기에는 세겜이 간과한 중대한 실수가 있다. 세겜은 권력자로서 사회적인 지위와 신분이 매우 높은 사람이고 반면에 야곱의 아들들은 젊은이들로서 잃을 것이 거의 없는 계층이다.

동일한 치부나 약점이 드러났다고 해도 권력자인 세겜의 치부나 약점은 사회적 여론의 파장이 매우 큰 경향이 있다. 반면에 야곱 아들들의 치부나 약점은 그 파장도 작고 금방 잊히기 마련이다. 예를 들어 대권주자로 뛰는 정치인이 바람을 피우다 들통나거나 뇌물을 수수하면 그 사회적인 파장이 매우 커서 한동안 메인뉴스로 보도되곤 한다. 결국은 정치생명이 끝장난다. 당초부터 사회적 지위나 잃을 것도 없는 평범한 사람이 그런 일을 하면 자막뉴스로나 간신이 보도될 정도에 불과하다.

야곱의 아들들이 노린 것이 바로 이 점이었다. 상호간에 치부를 드러내 보여줌으로써 서로가 서로의 약점을 쥠으로써 배신을 막고 공생하자는 그럴듯한 제안을 세겜에게 했던 것이다. 세겜이 이에 걸려듦으로써 그 약점을 기습 공격하여 여론을 악화시켜 사회적으로 무자비하게 매장시켜 버렸다.

그들은 권력자의 약점이 드러나 무방비 상태가 되고 쩔쩔맬 때 가차 없는 여론의 칼로 베고 물어뜯으며 맹공을 가했다. 독재자나 권력 있는 사람의 약점을 쥐고 그곳을 맹공격함으로써 그들을 자리에서 물러나게 하거나 그들의 정치생명에 큰 타격을 가할 수는 있다. 그렇게 되면 후환이 생기는 법이다. 그들도 이를 갈며 야곱의 아들들이 했던 동일한 방식으로 반격과 보복에 나서려고 하기 때문이다.

시므온과 레위,
약자에 귀 기울이고 연합해 독재자에 맞서다

성서에 따르면, 야곱에게는 아직 태어나지 않은 베냐민을 제외하고도 열한 명의 아들이 있었다. 그러나 그들 중 정의를 짓밟은 세겜성 사람들을 직접 칼로 응징한 이는 시므온과 레위뿐이었다. 기록에 따르면 그들은 세겜 성 안의 모든 남자를 죽였다고 한다.

물론 현실적으로 두 사람이 성 안의 모든 남자를 무찌른다는 것은 불가능하다. 인간은 죽음 앞에서도 투쟁 본능으로 싸우기 때문이다. 고대 전투에서는 팔다리가 잘려도 남은 팔로 칼을 휘둘렀고, 현대 영화 〈라이언 일병 구하기〉에서처럼 죽어가는 군인이 적 탱크에 대고 마지막까지 총을 쏘는 모습은 인간 본성의 단적인 예다. 따라서 시므온과 레위가 세겜 성 사람들을 모두 죽였다는 기록은 실제 전투라기보다, 권력자들을 권좌에서 끌어내려 사회적으로 매장했다는 상징적 의미로 이해하는 것이 타당하다.

이 사건을 더 깊이 이해하기 위해서는 두 사람의 이름 뜻과 그 상징성을 살펴볼 필요가 있다. 시므온은 '듣다, 경청하다'라는 의미를 가진다. 그는 정의가 짓밟혔다는 소문이나 핍박받는 서민들의 작은 목소리를 외면하지 않았다. 귀 기울여 사실을 파악하고 진실을 분별했기에 행동할 수 있었다.

레위는 '결합, 연합하다'라는 뜻을 가진다. 개인이나 소수는 권력 앞에서 약하지만, 연합과 단결을 통해 집단적 힘을 가지면 독재 권력에도 타격을 줄 수 있다. 현대 사회의 노동조합이 단결을 중시하는 이유가 여기에 있다.

오늘날에도 연합한 대중의 행동은 막강하다. 더욱이 개인들의 생각이 하나로 모여 형성된 '여론'은 정부와 정치인들을 흔들고, 때로는 스타들의 인기에도 절대적 영향을 미친다.

혼자의 생각은 사견이고 잡음 속에 쉽게 묻힌다. 혼자서 막강한 권력에 맞서 싸우는 것은 돈키호테식의 행동으로 비춰지거나 계란으로 바위 치는 격이다. 그러나 그런 힘없는 개인들이 하나로 거대하게 뭉치면 정치에 영향력을 끼치고 혁명 세력화 될 수 있다는 것은 역사가 여실히 증명하고 있다.

시므온은 약자의 신음에 귀 기울였고, 레위는 개별적으론 보잘 것 없지만 뭉치면 강력해지는 사람들의 힘을 연합하게 했다. 이 두 요소가 합쳐져 세겜 성을 응징할 수 있었다. 정의를 짓밟는 권력은 언제나 약자의 목소리를 감추고 억압하려 한다. 그러나 사회적 약자들의 목소리에 귀 기울이고, 그 힘을 연합으로 모아낼 때만이 불의에 맞서 싸울 수 있다. 바로 이것이 인간이 지닌 지성 중에서 불의한 권력에 맞서는 힘의 원천이다.

권력과 정치에 대한 염증, 본래의 자신으로 돌아가는 야곱

시므온과 레위가 세겜 성 안의 모든 남자를 죽이며 성을 완전히 정복했다. 야곱은 세겜 성 앞 밭에 천막을 치고 살던 처지였으니, 이제 성의 주인으로 다스릴 수도 있었다. 그러나 야곱과 그의 자식들은 성을 차지하지 않고 오히려 내버리고 떠나버렸다.

두 아들은 권력자의 치부와 약점을 공격하며 통쾌한 복수를 했다. 하지만 야곱은 칭찬은커녕 오히려 역정을 내며 자신의 안위를 걱정했다.

> "너희(시므온과 레위)는 나로 하여금 이 땅의 가나안 사람과 브리스 사람들에게 악취를 풍기게 하였다. 나는 수가 적으니, 그들이 합세해 나를 치면 나와 내 집은 멸망할 것이다."

야곱은 아들들의 행위로 인해 자신이 '악취 풍기는 인간'이 되었다고 한탄했다. 시므온과 레위가 권력자의 금전과 성욕, 가족 문제 같은 치부를 드러내며 기습적으로 공격했기 때문이다. 그 결과 여론은 권력자를 몰아내고 사회적으로 매장했으나, 동시에 아버지 야곱을 역겨운 존재로 만들었다.

권력자의 약점을 드러내는 공격은 여론에 치명상을 입힐 수 있다. 그러나 혁명을 통해 권력을 완전히 장악하지 못하면, 반격을 당할 위험이 크다. 야곱은 이 점을 두려워해 결국 권력의 마당을 떠나 다시 벧엘로 올라갔다.

정치의 세계는 상대의 실수와 약점을 확대하여 여론을 조성하고, 연일 공격을 퍼부어 상대를 무너뜨리는 곳이다. 그러나 어제의 공격자가 오늘은 오히려 공격당하는 악순환이 반복된다. 이것이 권력과 정치의 비정한 실상이다.

야곱은 정치에 발을 들일 때, 깨끗하고 생산적인 정치, 사회적 약자에게 혜택을 주는 정치를 다짐했었다. 그것이 없었다면 그는 지성인이라 불릴 수도 없었을 것이다. 하지만 막상 현실 속 권력의 세계에 들어와 보니, 불의에 침묵하는 자신, 남의 실수와 약점을 이용하는 치졸한 자신과 마주하게 되었다. 결국 그는 이런 더럽고 치사한 정치와 권력의 세계에 염증을 느끼고, 다시 본래의 자신으로 돌아갔다.

하나님은 나의 신이라는 오만

야곱은 세겜 성 앞에 장막을 치고 권력을 추구하며 그곳에 제단을 쌓고 엘 엘로헤 이스라엘(El Elohe Israel) 이라 불렀다. 이 이름은 "하나님은 이스라엘의 하나님"이라는 뜻이다. 일부는 야곱이 그 제단 이름에 하나님께서 주신 새 이름 '이스라엘'을 넣음으로써 신앙고백을 담았다고 보기도 한다.

그러나 이 제단은 긍정적인 신앙의 장소가 아니라 오히려 야곱을 위험에 빠뜨린 부정적 장소였다. 하나님을 향한 헌신이나 경건한 동기가 보이지 않고, 단지 "하나님은 나의 하나님"이라는 자기중심적인 의미만 담겨 있었기 때문이다. 만약 하나님을 개인 소유물처럼 여겨 자신만을 위한 신으로 만든다면, 그것은 신앙이 아니라 미신이며 이기적인 종교일 뿐이다.

예수께서는 산상수훈(마태복음 5:44~45)에서 원수를 사랑하고 박해하는 자를 위해 기도하라고 말씀하셨다. 하나님은 해와 비를 악인과 선인 모두에게 주시는 보편적인 하나님이시다. 따라서 "하나님은 나의 하나님"이라는 표현은 오만과 이기심이 깔린 자기 합리화일 수 있다. 야곱이 세겜 성에서 권력과 재산을 의지하며 쌓은 단은 바로 그러한 오만을 드러낸 것이었다.

야곱은 많은 아내와 자녀, 그리고 풍족한 재산을 갖게 되면서 자신이 특별히 하나님의 사랑을 받는다고 착각했다. "하나님은 내 편"이라는 확신 속에서 오만해진 것이다. 그러나 하나님은 그를 버려두지 않고, 세겜을 떠나 벧엘로 올라가라고 명령하셨다. 만약 엘 엘로헤 이스라엘과 세겜이 참으로 신성한 곳이었다면 하나님이 떠나라고 하실 이유가 없었을 것이다.

현대의 지성인들도 이와 비슷하다. 열심히 공부해 전문인이 되고, 좋은 배우자와 가정, 성공적인 직업과 재산을 갖게 되면 자신이 특별히 축복받았다고 믿는다. 그리고 "신이 나를 사랑하기 때문에 내가 잘되는 것이다. 나를 무시하는 사람은 신의 벌을 받을 것이다"라는 오만과 특권의식에 빠지기도 한다.

그러나 이런 생각은 결국 사람들과의 갈등과 문제를 불러온다. 예를 들어 사이비종교의 교조들은 자신이 세운 종교 단체에 신도들이 눈덩이처럼 불어나고 그들로부터 추앙받게 되면 마치 자신이 곧 신인 것처럼 행동하게 된다. 야곱처럼 신은 나의 신, 나의 것이라는 오만과 착각에 빠져서 신도들의 정조와 재물을 빼앗고 인신까지 마음대로 구속하는 만행을 저지르기도 한다. 그 정도가 지나치게 되면 큰 사회적인 파장을 일으켜 결국은 법의 심판대에 오르게 된다.

야곱이 세겜 성 앞에서 쌓은 단은 그의 권력욕과 허영심에서 비롯된 것이었다. 반면, 벧엘에서 쌓은 단은 하나님의 명령에 따른 것이었기에 근본적인 차이가 있다. 세겜에서의 위기는 아들들의 잘못이 아니라, 야곱이 스스로 힘과 권력이라는 우상을 섬겼기 때문에 생겨난 결과였다.

하나님이 벧엘로 올라가라 하신 것은 야곱에게 돌베개를 베고 자던 초심으로 돌아가라는 뜻이었다. 불편하고 수고스러운 삶을 기꺼이 받아들이라는 메시지였다. 야곱은 이 말씀에 순종하여 벧엘로 돌아갔고, 그곳에서 단을 쌓으며 엘 벧엘(El Bethel, '벧엘의 하나님')이라 불렀다. 이는 자기중심적인 신앙에서 벗어나, 하나님은 돌베개 베고 자는 곳에 계신다는 겸손한 마음가짐으로의 회복을 의미한다.

지식인 또는
지성인으로 산다는 것

야곱의 삶은 지성인의 여정을 잘 보여준다. 그의 이야기를 통해 지성인이 갖추어야 할 삶의 태도를 정리해 볼 수 있다.

첫째. 단기적 이익보다 장기적 비전을 선택한다.

지성인은 눈앞의 작은 이익보다 장기적이고 제도적으로 보장되는 더 큰 가치를 선택한다. 에서가 팥죽 한 그릇에 장자권을 내던졌던 것과 달리, 지성인은 장자권처럼 지속적이고 안정적인 이익을 추구한다.

둘째, 고생과 불편함을 감수한다.

지성인은 공부와 기술 습득, 성취를 위해 불편함을 기꺼이 감수한다. 야곱이 돌베개를 베고 자며 고생했던 것처럼, 편안함을 포기하고 노력해야 비로소 지식과 기술, 명예를 얻을 수 있다.

셋째, 배움에 대한 열정이 있다.

긴 교육 과정을 버티려면 강한 향학열이 필요하다. 야곱이 라헬을 처음 보고 우물 덮개를 혼자 들어 올린 사건은, 배움과 사랑을 향한 열정을 상징한다. 지성인은 이런 열정으로 더 깊이 배우고 성장한다.

넷째, 고등교육을 적극적으로 이수한다.

기본 교육만으로는 차별화가 어렵다. 대학과 대학원, 유학 등을 통해 심화된 지식과 기술을 익혀야 새로운 창조와 응용이 가능하다. 야곱이 라헬과 결혼하기 위해 7년을 더 일했던 것도, 더 깊은 성숙을 위한 과정으로 이해할 수 있다.

다섯째, 다양한 자질과 미덕을 갖춘다.

지성인은 폭넓은 자질을 갖춰야 한다. 야곱의 자녀들이 상징하는 것처럼, 자신감(르우벤), 정의감(디나), 경청(시므온), 연합(레위), 플러스적 사고(요셉), 실력(베냐민) 등이 필수적이다.

여섯째, 지적으로 독립한다.

니체의 말처럼 스승에게서 배운 지식에만 머무는 것은 위험하다. 배운 것을 심화·응용해 새로운 지식과 기술을 창조해야 한다. 인류의 발전은 지성인의 이러한 지적 독립과 개척 정신 덕분이었다.

일곱째, 세속적 성취와 거리두기가 필요하다.

재물·지위·명예는 지성으로 얻을 수 있지만, 영적인 안정은 그렇지 않다. 오히려 세속적 성취와 일정한 거리를 둘 때 영적인 균형을 얻는다. 야곱이 에서와 화해했듯이 지성을 추구하면서 방치해온 자신의 거친 내면세계와 화해 및 소통이 필요하다.

여덟째, 권력 추구의 덧없음을 경계하다.

지성인이 성공하면 권력에 끌리기 쉽다. 그러나 권력에 매달리면 정의가 희생되고, 당과 이익만이 우선된다. 결국 권력의 세계에 염증을 느끼고 본래의 자신으로 돌아가는 경우가 많다.

아홉째, 자식의 더 큰 성공을 바라다.

지성인은 자녀가 자신보다 더 큰 성공을 거두기를 바란다. 요셉이 허황된 꿈을 꾸었을 때, 형들은 비웃고 그를 구덩이에 던졌지만 야곱은 그 꿈을 마음에 담아 두었다. 부모의 마음으로 가능성을 열어둔 것이다.

야곱은 이러한 과정을 거쳐 지성인의 길을 걸었고, 마침내 삶의 주역 자리에서 은퇴했다. 이후의 이야기는 요셉이 이어가지만, 야곱의 마음에는 한 가지 소망이 남아 있었다. 아들 요셉이 자신보다 더 큰 사람이 되고, 더 큰 성공을 이루기를 바라는 부모의 간절한 바람이었다. 이것이 현대의 지성인들과 조금도 다름없는 인간 야곱의 본모습이라 할 것이다.

II.

성공의 길, 요셉

더할 것,
모든 긍정적 사고의 시작

- 요셉의 이름처럼, 더할 수 있다면 불가능은 없다

❖

요셉,
긍정적 사고의 원형

사람은 누구나 고난을 만난다. 그러나 고난 속에서 어떤 사람은 꺾이고, 어떤 사람은 단단해진다. 그 차이를 만든 것은 지식도, 환경도 아닌 사고의 방향성이다.

세상을 움직인 사람들은 한결같이 '플러스의 사고'를 지녔다. 20세기 미국의 목사 노먼 빈센트 필(Norman Vincent Peale)은 이를 "긍정적 사고"라 불렀다. 그는 "믿으면 이루어진다."라는 문장으로 전 세계 수억 명의 삶을 바꾸었다. 그의 사상은 단순한 낙관이 아니라, 신앙과 심리, 실천이 결합된 적극적 사고였다.

그러나 그보다 훨씬 이전, 3천 년 전에 이미 그 철학을 몸소 실천한 인물이 있었다. 그가 바로 요셉이다. 요셉의 이름 뜻은 히브리어로 "요세프(Yoseph)", 즉 "더할 것, 증가하다, 추가하다"였다. 그는 성서조차 없던 고대 사회에서 이미 플러스 사고의 원조였다.

그의 인생 전체가 이름처럼 흘러갔다. 그는 노예가 되어도 더했고, 감옥에 갇혀도 더했고, 끝내 이집트의 최고 실세로 올라섰고 최고 부자가 됐다. 요셉의 사고는 언제나 플러스 방향이었다. 그는 시련을 '끝'으로 보지 않고, '다음 단계의 재료'로 보았다. 더할 것이 모든 긍정적 사고의 시작이다.

이 사고의 전환이야말로 요셉 경제학의 출발점이다. 곡식을 저장한 그의 전략은 단순한 경제정책이 아니라, "내일은 오늘보다 더할 것"이라는 믿음의 경제학이었다. 노먼 필의 시대에는 그 사상이 문장으로 표현되었지만, 요셉의 시대에는 그것이 삶으로 구현되었다.

그는 "생각하면 이루어진다"는 말을 입으로 하지 않았다. 대신 그것을 몸으로 증명했다. 오늘의 우리는 다시 그 물음을 떠안고 있다. "나는 빼기의 인간인가, 더하기의 인간인가." 요셉의 대답은 명확하다. "더할 것이라는 믿음과 성장 의지, 그것이 신이 원하는 삶이다."

세계 최고의
부자이자 식량 왕 요셉

요셉은 사춘기 시절 원대한 꿈을 꾸고, 이집트로 내려가 입지전적인 성공을 거둔 인물이다. 정치적으로는 왕에게서 모든 실권을 위임받아 국무총리에 올랐고, 경제적으로는 이집트의 모든 재물을 손에 넣은 절대적 부자가 되었다. 역사 속에서도 권력과 부를 동시에 거머쥔 인물은 극히 드물다.

세계 최고의 부자로 알려진 록펠러가 한때 미국 석유의 95%를 독점했지만, 요셉은 그보다 더 나아가 이집트의 곡물 전체를 100% 독점했다. 그는 독점한 곡물로 세상의 돈과 가축, 부동산은 물론, 백성들의 신체의 자유까지 사들여 모두 자신의 권한 아래 두었다. 만약 그 시대에 석유가 있었다면, 그는 곡물로 석유마저 손에 넣었을 것이다. 결국 백성들은 생존 자체를 요셉에게 전적으로 의존하게 되었다.

세상은 각 분야의 압도적 성공자에게 '왕'이라는 칭호를 붙인다. 석유왕 록펠러, 철강왕 카네기, 철도왕 밴더빌트, 금융왕 모건, 발명왕 에디슨이 그렇다. 그러나 그 누구보다 완전한 형태로 식량을 장악한 이는 요셉이었다. 그는 인류 최초이자 최후의 '식량왕', 곧 세계 최고의 부자 요셉이었다.

더할 것,
플러스적 성장 의지

영국의 사상가 새뮤얼 스마일스는 『자조론』에서 "하늘은 스스로 돕는 자를 돕는다"고 말했다. 이 말은 요셉의 "더할 것" 정신과 정확히 맞닿아 있다. 요셉은 타인의 도움보다 자기 자신을 돕는 법을 배운 인물이었다.

그의 '더할 것' 정신은 근면과 인내를 낳고, 근면은 곧 성장의 동력이 되었다. 그의 플러스적 사고는 단순한 낙관이 아니라 도전하는 성장의 의지였다. 가난과 시련은 그를 좌절시키지 못했다. 오히려 그에게 새로운 해법을 찾게 하고, 더 단단하게 만들었다.

"더할 수 있다"고 믿는 순간, 포기 대신 도전이 태어난다. 반대로 "더 못할 것"이라고 생각하는 순간, 모든 가능성은 닫힌다. 그래서 "더할 것"이라는 마음은 인내, 투지, 열정, 용기, 근면으로 분화된다. 그것은 인간 정신의 줄기세포이자, 모든 미덕의 뿌리다.

더할 것의 정신을 현대적으로 형상화한 대표적인 사람이 바로 정주영이다. 그는 목표를 세우면 망설임 없이 앞으로 밀어붙이는 '불도저' 같은 추진력으로 잘 알려져 있다. 아무도 시도하지 않았기에 불가능하다고 여겨지던 일조차, 그는 "해보기나 했어?"라는 말 한마디로 의지를 불꽃처럼 일으켰다.

이 말에는 단순한 도전의식이 아니라, 조금이라도 더 해보면 길은 열린다는 더할 것의 정신이 스며들어 있다. 현실의 벽을 핑계 삼지 않고, 한 걸음이라도 더 내딛으려는 마음. 바로 그 마음이 빈 들판에 조선소를 세우고, 고철 더미 속에서 세계 최고를 만들어낸 원동력이 되었다. 더할 것의 정신은 거창한 이상이 아니라, 매일 조금씩 더 나아가려는 의지에서 시작된다.

더하려는 자세가 만든 위대한 성취

세상에는 공부를 잘하는 학생, 탁월한 운동선수, 사람의 마음을 움직이는 노래와 연기를 선보이는 예술가, 악기 연주로 무대를 장악하는 연주자, 그리고 세상에 없던 제품과 이야기를 창조하는 창작자와 발명가가 있다. 이 다양한 영역의 성공인 들은 각기 다른 분야에서 활동하지만, 눈에 보이지 않는 하나의 공통점을 지니고 있다. 그것은 바로 '더하려는 자세', 곧 필요한 만큼에서 멈추지 않고 한 걸음 더 내딛는 태도다.

공부를 예로 들면 명확하다. 뛰어난 성취를 거두는 학생들은 교과서와 수업의 범위만으로 학습을 마무리하지 않는다. 궁금증이 생기면 한 번 더 찾아보고, 이해가 완전하지 않으면 다른 자료까지 열어본다.

이렇게 조금씩 더한 공부는 어느 순간 폭발적 변화를 만들어낸다. 지식의 폭이 넓어지고 깊이가 깊어지면서, 남들은 따라올 수 없는 실력의 기반이 형성된다. 이는 단순한 노력의 양이 아니라 '조금 더 알고자 하는 마음'이 만든 차이다.

운동에서도 같은 원리가 작동한다. 뛰어난 선수들에게서 흔히 '타고났다'는 평가가 붙지만, 실상 그들의 뒤에는 말없이 쌓아온 추가적 훈련이 존재한다. 정해진 루틴을 소화한 뒤 한 세트를 더 하고, 쉽지 않은 순간에도 한 번 더 반복한다. 이러한 '더하기'가 몸을 단련시키고 기술을 정교하게 만들어 결국 경기력을 끌어올린다. 근육도 기술도 결코 더한 만큼을 배신하지 않는다.

예술 분야라면 더욱 그렇다. 노래, 연기, 악기 연주는 감정과 기술, 섬세함이 결합된 복합적 영역이다. 따라서 '조금 더'라는 태도가 만들어내는 차이는 훨씬 크다. 한 음을 더 정확히 내기 위해 반복하고, 장면의 감정을 더 깊이 이해하기 위해 시간을 들이며, 악기의 호흡을 더 세밀하게 맞추는 과정에서 예술은 비로소 생명력을 얻는다. 관객은 그 '조금 더' 속에 깃든 깊이를 작품에서 자연스럽게 감지한다.

창작과 발명도 예외가 아니다. 뛰어난 작가나 대본가는 문장 하나를 더 다듬고, 더 나은 표현을 찾기 위해 멈추지 않는다. 혁신적인 제품을 만든 기업가 역시 기존의 방식을 한 번 더 들여다보고, 소비자의 불편 속에서 새로운 힌트를 하나 더 캐낸다. 작은 더하기가 혁신을 만들고, 혁신은 세상을 움직인다.

하지만 이 모든 과정에는 늘 다른 얼굴도 존재한다. 실패하고, 우승이나 수상에서 번번이 좌절되는 사람들을 살펴보면, 대부분 그 이유는 능력의 부재가 아니라 더할 것의 정신이 결여되어 있기 때문이다. 대학입시에서 고배를 마신 학생을 떠올려 보자. 우리는 직관적으로 "조금만 더 공부했더라면…", "좀 더 일찍 시작했더라면…" 하고 생각한다.

입사 시험에서 아쉽게 떨어진 이들에게도 마찬가지다. 결국 결정적 순간의 성공과 실패를 가르는 것은 '더하려는 그 한 걸음'의 유무다. 운동, 노래, 연기, 예술 등 다른 모든 영역에서도 결과는 동일하게 드러난다. 더 연습한 사람은 발전하고, 거기서 멈춘 사람은 제자리에서 성장을 멈춘다. 더하려는 태도가 없는 사람은 한계를 스스로 설정하고, 그 한계 안에서만 머물게 된다.

이렇듯 더하고, 증가시키고, 추가시키는 더할 것의 정신은 성취의 본질적인 힘이다. 그 태도를 가진 사람은 시련 앞에서도 쉽게 꺾이지 않는다. 누구나 어려움과 고난을 겪지만, 더하려는 사람은 고난의 벽에 가로막히지 않고 그 위로 '한 번 더' 올라선다. 지치고 힘든 순간에도 한 발자국 더 내딛는 행동이 결국 장벽을 넘게 하고, 남들이 포기하는 지점에서 그는 자신의 가능성을 증명해낸다.

흥미롭게도 더하려는 마음이 있는 사람에게 노력은 고통이 아니라 성장의 증거가 된다. 그들은 배우는 즐거움, 연습의 성취감, 탐구의 기쁨을 느끼며 스스로를 밀어 올린다. 반면 최소한만 하려는 사람은 시간이 갈수록 뒤처지고, 그 이유조차 깨닫지 못한 채 변명과 불만 속에 머물게 된다.

결국 인생의 성패는 재능이나 출발선이 결정하는 것이 아니다. 누가 더 멀리 갈 마음이 있었는가, 누가 오늘의 자신보다 더 나아지려 했는가가 모든 것을 갈라놓는다.

세상의 모든 뛰어난 사람들에게는 공통의 비밀이 있다. 그들은 늘 자신에게 한 가지 질문을 던졌다. "내가 지금 할 수 있는 것보다 조금 더 할 수 있는 것이 무엇인가?" 그 질문에 정직하게 답하며 하루를 쌓아간 사람들이 결국 남들이 '재능'이라 부르는 경지에 도달했다. 더하는 자세, 그것이야말로 평범함을 특별함으로, 잠재력을 성취로 바꾸는 가장 확실한 힘이다.

"더할 것"을 매일의 중심에 두기

한 분야의 전문가가 되는 길에는 특별한 비법이 없다. 그저 하루 종일, 오랜 세월 한 가지 일에 몰두하는 것뿐이다. 야구선수는 배트를, 피아니스트는 건반을, 변호사는 법전을 손에서 놓지 않는다.

"더할 것"이라는 정신도 마찬가지다. 그것을 하루 종일 의식하고 되새길 때 비로소 힘이 된다. 하루 한두 번 떠올리는 것으로는 부족하다. 매 순간마다 "더할 것"이라 다짐하며 살아야 한다. 작은 어려움마다 "더할 것"이라 속삭일 때, 그 반복이 쌓여 강력한 근육이 된다.

기름 한 방울로는 자동차가 1미터도 가지 못하지만, 수백만 방울이 모이면 수백 킬로미터를 달린다. "더할 것"도 마찬가지다. 하루 한 번의 다짐은 작지만, 그 반복이 쌓이면 거대한 추진력이 된다.

더할 것의 정신은 원한다고 해서 하루아침에 얻을 수가 없다. 야곱이 아내 라헬을 통해서 요셉을 얻으려고 그렇게 노력했지만 12명의 아들 중 11번째로 태어났다. 그만큼 노력하고 쌓기를 지속해야 얻을 수 있는 것이 더할 것의 마음가짐이라는 의미다.

더할 것,
배수진을 치고 포기하지 않는 마음

액션 영화의 추격 장면을 떠올려 보자. 주인공은 절대 멈추지 않는다. 총알이 스치고, 넘어지고, 벽에 부딪혀도 다시 일어난다. 그는 멈추는 순간 모든 것이 끝난다는 사실을 본능적으로 안다. 추격은 멈추는 순간 잡히지만, 계속 달리기만 하면 끝내 살아남는다.

우리의 삶도 이와 다르지 않다. 공부를 하거나, 꿈을 좇거나, 목표를 향해 나아갈 때 포기하고 싶다는 유혹은 괴물처럼 뒤에서 끊임없이 달려온다. 실력 없는 두려움, 지쳐서 쉬고 싶은 욕구, "여기쯤이면 됐다"는 나약함이 그림자처럼 쫓아온다.

그러나 포기하는 순간, 모든 계획은 그 자리에서 무너진다. 시련은 우리가 '멈출 때'만 우리를 삼키고, 계속 달리는 사람은 끝내 잡히지 않는다.

여기서 핵심이 되는 태도가 바로 더할 것, 즉 '더하려는 정신'이다. 더할 것의 정신을 가진 사람은 시련이 닥칠수록 오히려 힘을 보태고, 인내심을 더하고, 집중력을 높이고, 투지를 추가한다.

한 걸음 더 내디딜 힘이 생기고, 한 번 더 버틸 근력이 생기며, 한 차례 더 싸울 의지가 솟는다. 이런 사람에게는 도망치는 선택지가 존재하지 않는다. 나아가야 한다면 나아가는 것이고, 극복해야 한다면 극복하는 것이다.

많은 사람들이 알고 있는 칠전팔기의 정신도 결국 더할 것의 또 다른 표현이다. 일곱 번 넘어져도 여덟 번째 일어난다는 말은, 사실상 "넘어질 때마다 한 번씩 더 한다"는 뜻이다. 더하려는 정신이 있는 사람은 칠전팔기를 넘어서 수십 번 쓰러져도 다시 일어난다. 쓰러지는 횟수가 문제가 아니라, 다시 일어서는 횟수를 더할 수 있느냐가 관건이기 때문이다.

그래서 더하려는 정신은 필연적으로 배수진의 태도와 연결된다. 뒤로 물러설 공간을 스스로 없애고 앞을 향해 전진하는 자세, 그것이 더할 것의 실천적 형태다.

최근 MZ세대 사이에서 "중요한 것은 꺾이지 않는 마음", 즉 중꺾마라는 표현이 유행한다. 흥미롭게도 이것은 요셉이 보여준 더할 것의 정신과 정확히 일치한다.

가난한 목동에서 시작해 형제들의 미움과 배신, 노예 신세, 누명과 감옥이라는 연속된 고난 속에서도 요셉은 한 번도 '멈추는 선택'

을 하지 않았다. 그가 꺾이지 않았던 이유는 재능 때문이 아니라, "더하겠다"는 마음을 끝까지 유지했기 때문이다. 그는 절망의 순간마다 희망을 더했고, 좌절의 순간마다 실력을 더했으며, 배반 속에서도 자신을 더 단단하게 만들었다.

그래서 더할 것의 정신은 단순한 슬로건이 아니라 운명을 바꾸는 원리다. 나아갈수록 길이 열리고, 더할수록 능력이 쌓이며, 포기하지 않을수록 결국 도착한다. 멈추는 사람은 패배하지만, 계속 나아가는 사람은 반드시 성공한다. 결국 중요한 것은 달리는 속도가 아니라 멈추지 않는 자세, 더할 것의 정신이다.

요셉이 보여준 것처럼, 우리도 인생의 추격전 속에서 한 걸음 더, 한 번 더, 한 날 더 버티며 달린다면 어느 순간 꿈은 현실이 된다. 더할 것의 마음은 단지 성공의 조건이 아니라, 인간이 자기 운명을 스스로 개척하는 가장 강력한 미덕이다.

플러스적 사고의 무대, 주식시장

장기적인 관점에서 '더할 것'이라는 플러스적 정신이 가장 뚜렷하게 반영되는 곳은 바로 주식시장이다. 주식시장은 단기적으로는 오르내림이 있지만, 긴 시간으로 보면 항상 우상향해 왔다. 그것은 단순히 숫자의 움직임이 아니라, 인류가 지식과 기술, 산업을 끊임없이 '더해온' 결과이자 기록이다.

과거를 돌아보면, 19세기 산업혁명 당시 증시를 지탱한 것은 철도와 증기기관이었다. 20세기 초에는 전기와 자동차, 1950년대에는 석유와 가전산업, 1980년대에는 반도체와 정보통신, 그리고 2000년대 이후에는 인터넷과 인공지능이 새로운 성장 동력이 되었다.

세상이 위기를 맞을 때마다 "이제 끝이다"라는 비관론이 등장했지만, 매번 새로운 산업과 기술이 그 자리를 대신했다. 이는 '마이너스적 공포'보다 '플러스적 가능성'을 더 크게 보는 인류의 정신이 시장을 움직여온 증거다.

예를 들어, 1929년 대공황은 미국 주식시장을 초토화시켰지만, 불과 20년 뒤 전후 복구와 기술혁신이 이루어지면서 다우지수는 이전 고점을 돌파했다. 2008년 금융위기 때도 "세상이 끝났다"는 말이 나왔지만, 그 뒤 애플, 구글, 테슬라 같은 기업들이 새로운 패러다임을 열었다. 이 모든 사례는 결국 '더할 수 있다면 아직 끝난 것이 아니다'라는 요셉적 플러스 정신의 경제적 표현이라 할 수 있다.

장기적으로 주식시장에 투자하는 사람은 단순히 돈을 넣는 것이 아니라, 미래의 가능성에 신뢰를 거는 사람이다. 인간의 창의력과 학습, 기술 진보가 멈추지 않는 한, 시장은 언젠가 다시 성장한다는 믿음이 그들을 지탱한다. 그 믿음은 근거 없는 낙관이 아니라, 역사와 데이터가 증명한 현실적 신념이다.

요셉이 흉년을 대비해 곡물을 저장하며 미래를 준비했듯, 주식시장의 참여자들도 단기적 변동 속에서도 '더 나은 내일'을 향해 투자한다. 결국 시장을 움직이는 힘은 숫자가 아니라 인간 정신의 방향이다. "잃을 것을 두려워하기보다, 더할 것을 믿는 마음", 그것이 플러스적 사고이며, 인류의 경제가 멈추지 않고 성장해온 근원적 원동력이다.

플러스적 사고는
복복리의 힘이다

복리(複利)는 단순히 이자에 이자가 붙는 경제 원리이지만, 삶에서도 그것은 '플러스적 사고'의 또 다른 이름이다. 오늘의 작은 긍정이 내일의 성취를 낳고, 그 성취가 다시 자신감을 더해 더 큰 성장을 불러오는 선순환, 이것이 정신의 복리, 곧 '복복리(複複利)'의 힘이다.

워런 버핏은 평생 단 한 가지 원칙만 고수했다. "수익을 내는 것보다 중요한 것은, 수익을 잃지 않는 것이다." 그는 단기 수익보다 시간의 복리를 믿었다. 50년 이상 '조금 더 배우고, 조금 더 기다리고, 조금 더 투자'한 결과, 그의 자산의 90% 이상이 60세 이후에 만들어졌다.

이것이 바로 플러스적 사고의 실체다. 크게 벌지 않아도, 꾸준히 더해 가면 결국 폭발적인 차이를 만든다. 플러스적 사고는 단순한 낙관이 아니라, 복리처럼 누적되는 힘이다.

하루의 긍정적 생각 하나가 행동을 바꾸고, 그 행동이 새로운 기회를 낳으며, 그 기회가 또 다른 성취를 만들어낸다. 이 작은 변화가 쌓이고 쌓이면, 10년 뒤에는 전혀 다른 사람으로 서 있는 자신을 보게 된다.

요셉의 생애도 그러했다. 그는 절망의 순간마다 '더할 것'을 멈추지 않았다. 감옥에서도 꿈을 해석하며 신뢰를 쌓고, 작은 성취를 복리처럼 더해 결국 이집트의 국무총리에 올랐다.

그의 성공은 한 번의 행운이나 마법이 아니라, 시간이 만들어낸 플러스적 사고의 복복리였다. 결국 인생의 진짜 부는 속도가 아니라 방향에 있다. 매일 조금 더 나아가는 마음, 그 누적의 힘이 바로 플러스적 사고이며, 그것이 인생을 복리처럼 성장시키는 비밀이다.

고대 사회에서
스마트 폰을 사용한 요셉

고대 유적지에서는 토기, 장신구, 농기구 같은 생활용품이 발굴된다. 이것들은 당시 사람들의 기술 수준과 생활 문화를 짐작하게 해주는 귀중한 자료다. 하지만 현대인의 일상에서 쓸모가 없어 박물관 유리장 안에 갇혀 버린다.

그러나 요셉이 남긴 한 가지 정신적 유물만큼은 다르다. 그것은 손으로 만든 도구가 아니라, 마음속에서 작동하는 지성의 도구, 즉 "더할 것"이라는 플러스적 사고방식이다.

오늘날 사람들은 스마트 폰을 손에 쥐고 하루를 시작하고 끝낸다. 하지만 정작 자신의 사고방식과 태도를 업그레이드하는 일에는 무심하다. 요셉은 수천 년 전에 이미 '정신의 스마트폰'을 손에 쥐고 살았다. 그의 마음속에는 언제나 "더할 수 있다"는 확신이 있었다.

현대 자기계발의 핵심 키워드인 '긍정의 힘'과 '플러스 사고'는 결국 요셉이 실천했던 삶의 방식이다. 그의 긍정은 맹목적 낙관이 아니라 실천적 지성이었다.

우리는 매일 스마트폰을 켜지만, 요셉처럼 마음의 플러스 버튼을 누르고 있는가? 세상은 불안과 부정으로 가득하지만, 성장하는 사람은 언제나 "더할 것"이라는 자세로 산다. 배우고, 도전하며, 실력을 쌓고, 그 위에 또 하나를 더해 간다.

결국 성공의 공식은 단순하다. "더할 것이라는 마음을 더하며 사는 사람만이 성장한다." 요셉의 플러스적 사고방식은 고대의 유물이 아니라, 오늘을 살아가는 우리 모두를 위한 영원한 성장의 운영체제(Operating System)이다.

부모형제가
내게 머리 숙여 절하는 꿈

- 진짜 큰 꿈은 자신조차 두렵게 만든다

채색 옷을 입은
특별한 소년

사춘기 시절, 요셉은 아버지 야곱으로부터 특별한 채색 옷을 선물받았다. 그 옷은 다른 형제들과 그를 구분 짓는 상징이었다. 마치 우리나라의 색동저고리처럼 눈에 띄는 그 옷은, 입는 사람이 평범하지 않고 특별한 존재임을 드러내는 표식이었다.

야곱은 요셉이 사소한 일을 잘해도 "우리 아들은 장차 특별한 인물이 될 것이다."라며 칭찬과 격려를 아끼지 않았다. 그 결과 요셉은 자신이 남들과 다른 특별한 사람이라고 믿게 되었다. 채색 옷은 단순한 의복이 아니라, 아버지 야곱이 아들에게 입혀준 '특별함의 의식'이었다.

그 옷이 전하는 메시지는 단순했다. "너는 남들과 다르다. 큰일을 위해 태어난 사람이다." 부모가 아이에게 "너는 음악을 위해 태어났다", "신에게 봉사하기 위해 태어났다"라고 말하는 것과 같다. 이런 말은 아이가 한눈팔지 않고 자신의 목표를 향해 꾸준히 나아가도록 방향을 잡아 주는 정신적 장치다.

무엇인가를 위해 태어난 사람은 남다른 채색 옷을 입은 사람과 같다. 부모가 아이에게 정신적인 채색 옷을 입힌다는 것은, 그 아이가 스스로 특별한 존재임을 인식하게 하는 일이다.

세계적인 투자자 워런 버핏도 그랬다. 그의 아버지는 증권 중개인이었고, 버핏은 열한 살에 이미 주식 차트를 분석하며 투자를 시작했다. 그는 어린 시절부터 요셉처럼 "나는 투자하기 위해 태어난 사람"이라는 확고한 자각을 가지고 있었다. 그 마음속의 '채색 옷'이 그를 세계적인 부자로 이끌었다.

채색 옷은 이렇게 말한다. "위대한 인물이 되려면, 어릴 때부터 자신이 특별한 길을 걷기 위해 태어났다는 자각이 필요하다." 이 의식이 있을 때, 사람은 자신의 모든 역량을 집중해 한 길로 나아갈 수 있다. 그것이 인생의 초반을 결정짓는 가장 강력한 동력이다.

부모와 형제가
내게 절하는 꿈

요셉의 이야기는 그가 17세 소년이었을 때로 시작한다. 17세는 예나 지금이나 꿈이 자라나는 나이, 인생의 방향이 결정되는 시기다. 성경이 그의 나이를 강조한 이유도 그가 단순한 소년이 아니라, 이미 큰 꿈을 품은 청년이었음을 보여주기 위해서다.

그 또래의 소년들이 정치가, 장군, 예술가, 의사, 사업가 등 각기 다른 꿈을 꾸듯, 요셉도 자신만의 특별한 꿈을 꾸었다. 그는 두 번의 꿈을 꾸고, 형제들과 부모 앞에서 당당히 이야기했다. 마치 "나에게는 큰 꿈이 있습니다"라고 선언하듯 말이다.

첫 번째 꿈에서는 밭에서 묶은 자신의 곡식 단에 형들의 곡식 단이 절했다. 이 이야기를 들은 형들은 분노했다. 두 번째 꿈에서는 해와 달, 열한 개의 별이 자신에게 절했다고 말하자 이번에는 아버지마저 "우리가 네 앞에 절하겠느냐?"라고 꾸짖었다. 그러나 속으로는 그 꿈을 마음에 간직했다. 형들은 그를 시기하고 비웃었지만, 아버지는 요셉의 특별함을 감지했다.

형제와 부모가 모두 절한다는 것은 현실적으로 불가능한 일이다. 그러나 그만큼 요셉의 꿈은 상식의 한계를 넘어선 거대한 꿈이었다. 요셉의 꿈은 단순한 성공이 아니라, 세상에서 가장 높은 지위와 부를 거머쥐는 상징이었다. 당시로 치면 "달나라에 가겠다"는 선언처럼 황당하게 들렸을지도 모른다. 하지만 요셉은 그 불가능해 보이는 꿈을 실제로 이루었다. 그는 이집트의 총리이자 세계 최고의 부자가 되었다.

요셉은 어느 날 언덕에 올라 지평선 끝까지 바라보며, 그 안의 모든 땅과 곡식, 재물을 자신의 것으로 만들겠다는 원대한 꿈을 품었다. 현대적으로 표현하자면, 서울 남산에 올라 사방의 빌딩과 땅을 모두 사들이겠다고 다짐하는 것과 같다. 그의 꿈에는 단순한 부자가 아니라, 모든 사람이 자신에게 의지하는 '거대한 존재'가 되겠다는 결심이 담겨 있었다.

요셉은 가나안의 평범한 소년으로 남을 수도 있었다. 그러나 그는 부모와 형제가 절할 만큼 큰 인물이 되겠다는 꿈을 꾸었고, 그 꿈을 향해 모든 시련을 견디며 "더할 것"의 자세로 나아갔다. 결국 그는 신분의 수직상승을 이루며,

세상에서 가장 높은 자리와 부를 거머쥔 인물이 되었다.

큰 꿈이
큰 인물을 만든다

만약 요셉이 아무런 꿈 없이 형들과 들판을 뛰어다니며 살았다면, 그의 성공은 결코 불가능했을 것이다. 꿈은 후천적 유전자와 같아서, 꿈이 없는 인생은 성장할 힘을 잃는다. 큰 꿈을 꾸고 그것을 실행할 때, 그에 걸맞은 자질과 태도가 길러진다. 부지런함, 인내, 절제, 도전 정신 같은 덕목은 타고나는 것이 아니라 꿈을 향해 나아가는 과정에서 길러지는 것이다.

예를 들어 세계 챔피언을 꿈꾸는 운동선수는 반드시 고통을 견디는 인내심과 부지런함을 배우게 된다. 이처럼 꿈은 인간의 잠재력을 끌어내는 가장 강력한 훈련장이다.

1957년, 소련이 세계 최초로 인공위성을 발사하자 미국 사회는 큰 충격에 빠졌다. 그때 젊은 대통령 존 F. 케네디는 상상조차 어려운 목표를 내세웠다. 1962년 라이스대학교 연설에서 그는 이렇게 선언했다.

"1960년대가 끝나기 전에 우리는 달에 사람을 보낼 것입니다. 그 이유는 쉽기 때문이 아니라, 어렵기 때문입니다. 그 목표가 우리의 능력을 시험하고 기술을 발전시키는 계기가 될 것이기 때문입니다."

많은 이들이 그의 말을 비현실적이라 비웃었지만, 그 도전은 미국을 하나로 묶었고 결국 1969년, 아폴로 11호가 달에 착륙했다. 이 과정에서 미국의 과학기술은 비약적으로 발전했고, 국민들은 "하면 된다"는 자신감과 자부심을 얻었다.

케네디가 제시한 원대한 꿈에는 요셉의 "더할 것" 정신과 도전 의식이 흐르고 있었다. 그 정신은 애플, 구글, 아마존, 엔비디아 같은 혁신 기업의 창업자들에게 이어져 오늘날 미국을 세계 최강국으로 만들었다.

세계적인 부자 록펠러 역시 젊은 시절 "나는 세계 최고의 부자가 되겠다"는 꿈을 꾸었다고 회고했다. 거대한 부는 결코 우연히 얻어지는 것이 아니다. 큰 꿈과 끊임없는 노력이 있을 때에만 인류 역사에 남을 위대한 성취가 가능하다.

요셉의 꿈은
장자권 선택이다

에서가 한 끼 팥죽에 장자권을 내던졌던 것처럼, 인간은 종종 당장의 욕망과 편안함을 위해 더 큰 미래를 포기한다. 그러나 요셉은 정반대의 길을 걸었다. 그는 단기적 쾌락보다 지속 가능한 성장, 순간의 만족보다 공부와 노력으로 얻는 진짜 힘, 장자권을 선택했다.

야곱이 가장 사랑했던 요셉의 인생은 장자권의 의미를 실제로 증명한 여정이었다. 형들의 시기로 노예로 팔려가고, 모함으로 감옥에 갇히는 절망 속에서도 그는 불평하지 않았다. 오히려 고난을 학문과 내면의 성숙으로 바꾸었다.

지식은 요셉의 무기였고, 인내는 그의 방패였다. 그렇게 그는 마침내 애굽의 총리가 되어 한 나라의 경제를 지배하고, 형제와 가족, 그리고 민족을 구했다. 요셉의 꿈이 현실이 되었을 때, 형들과 부모가 그 앞에 머리 숙인 것은 권력 앞의 굴복이 아니라, 장자권을 택한 그의 진실함에 대한 존경의 표시였다. 그것은 "팥죽 한 그릇의 순간"보다 "평생의 공부와 노력으로 얻은 장자권의 영광"이 얼마나 크고 안정적인가를 보여주는 장면이었다.

큰 꿈, 큰일, 그리고
부자가 되겠다는 목표

큰 꿈을 꾸는 것은 장차 세상에서 큰일을 하겠다는 의지의 표현이다. 그것은 세상을 위해 유익한 일을 감당하고, 그 대가로 풍요를 누리겠다는 결심이다. 결국 "큰 꿈을 꾸는 것"과 "부자가 되겠다"는 목표는 같은 뿌리를 가지고 있다.

반대로 아무런 꿈이나 목표 없이 사는 인생은 방향을 잃은 배와 같다. 삶을 이끌어줄 구심점이 없고, 나태와 방탕으로 기울기 쉽다.

"부자가 되겠다"는 목표는 한 사람의 생각과 열정, 에너지를 한 방향으로 모으는 강력한 중심축이 된다. 목표가 생기면 삶의 구조가 바뀌고, 시간과 노력이 재편된다. 그 과정에서 사람은 스스로를 절제하며 성숙해진다.

부자가 되겠다는 생각을 부정적으로 보는 사회적 시선도 있지만, 본질적으로 부자가 된다는 것은 자신이 잘하는 일을 통해 세상에 필요한 가치를 제공한다는 뜻이다. 정치, 경제, 문화, 예술, 스포츠, 의료, 과학 어느 분야든 세상을 이롭게 하는 일을 해낼 때 부는 따라오게 되어 있다. 정상적인 부는 세상에 꼭 필요한 사람이 되었다는 증거다.

요셉이 이집트의 최고 권력자이자 부자가 될 수 있었던 것도 그가 세상을 위해 큰일을 해냈기 때문이다. 그는 흉년으로 굶어 죽을 위기에 처한 이집트 백성과 주변 민족들을 구했다. 세상은 그 대가로 그에게 부귀영화를 주었고, 그는 그것을 당당히 누렸다.

요셉의 꿈은 단순한 상상이 아니었다. 그것은 인생의 설계도이자 미래의 약속이었다. 그는 부모와 형제가 자신에게 절하는 꿈을 꾸었고, 그 불가능해 보이던 장면을 현실로 만들어냈다. 큰 꿈이 큰 인물을 만든다. 그리고 그 꿈을 품은 사람은 세상에 반드시 자신만의 빛을 남긴다.

이상과 현실 사이에서
그네 타는 소년

- 이상은 하늘을, 현실은 땅을 붙잡는다. 균형을 잡는 자만이 날 수 있다

도단의 구덩이,
일사천리로 풀리지 않는 인생

요셉처럼 부모와 형제까지 머리 숙여 절할 만큼의 원대한 꿈을 품고 있다 해도, 인생이 늘 의지와 열정만으로 일사천리로 풀려 나가지는 않는다. "간절히 원하고 긍정적으로 생각하면 꿈은 이루어진다"고 흔히 말하지만, 현실은 그렇게 단순하지 않다. 꿈이 아무리 크고 간절해도 불확실성 앞에서 사람은 쉽게 위축된다. '혹시 실패하면 어쩌지?'라는 불안이 생기면 실행조차 미루게 된다.

어느 날 요셉은 아버지의 심부름으로 형들을 찾아 도단으로 갔다가, 그를 시기하던 형들에게 붙잡혀 구덩이에 던져졌다. 성경은 그곳을 "물이 없는 우물"이라 묘사한다. 물이 없다는 것은 생명력의 부재이자, 메마른 절망의 상징이다.

'도단(Dothan)'은 '두 개의 우물'이라는 뜻을 가진다. 이는 단순한 함정이 아니라, 이중적인 침체와 곤경을 상징한다. 그 속에 던져진 요셉은 사방이 막혀 빠져나올 수 없는 절망의 한가운데 있었다.

요셉이 처음 향했던 곳은 세겜(Shechem)이었다. 세겜은 앞서 야곱 이야기에서 살펴본 대로 '어깨'를 뜻한다. 사춘기 소년 요셉은 형들의 시기와 비아냥에도 굴하지 않고 큰 꿈을 품었다. 큰 꿈을 꾸면 누구나 어깨에 힘이 들어가고, 스스로 영웅이 된 듯한 상상을 하게 된다.

그러나 형들이 세겜에서 도단으로 옮긴 것은, 요셉에게 "들뜬 마음을 가라앉히고 현실을 직시하라"는 메시지처럼 보인다. 꿈에 부풀어 있던 소년은 이제 메마르고 꽉 막힌 현실과 마주해야 했다.

'도단의 구덩이'는 단순한 장소가 아니라, 이상과 현실 사이에서 흔들리는 청소년의 내면 상태를 상징한다. 들뜬 이상이 냉정한 현실과 부딪히며 꺼져버릴 듯한 그 순간, 누구나 그 구덩이 속에 빠진다.

그네를 타듯, 이상과 현실 사이를 오가며

사춘기 청소년들이 꿈과 현실 사이를 오갈 때는 마치 그네를 타듯 기분이 오르락내리락하기 마련이다. 위로 솟을 때는 세상이 다 내 것처럼 황홀하지만, 곧 아래로 내려올 때는 냉정한 현실이 기다린다. 요셉 또한 이상과 현실 사이를 오르내리며, 꿈을 조율하고 다듬는 법을 배웠다.

요셉이 찾은 첫 장소 세겜은 '어깨'라는 이름처럼 자신감과 자존감의 상징이었다. 그러나 형들이 옮겨 간 도단은, 그 자신감을 내려놓고 냉정한 현실을 마주해야 하는 곳이었다.

사춘기 소년에게 원대한 꿈은 찬란하지만, 현실은 가진 것도 배운 것도 부족한 시절이다. 그 괴리가 클수록 실패의 가능성은 커 보이고, 앞으로 나아가지도 물러서지도 못하는 침체에 빠진다. 성경의 '도단의 구덩이'는 바로 그 심리적 함정을 상징한다.

형들이 요셉을 비웃으며 "꿈꾸는 자가 온다"고 말했을 때, 그들은 요셉의 꿈을 '몽상'으로 여겼다. 하지만 그 말은 어쩌면 요셉 자신의 내면에서 들려오는 목소리이기도 했다.

"네가 뭘 안다고 세상을 바꾸겠느냐? 가진 것도 없지 않느냐? 현실을 보라."

이러한 내면의 자기 검열은 누구에게나 있다. 꿈을 꾸는 사람의 가장 큰 적은 외부의 비난이 아니라, 자신 속의 두려움과 냉소다.

형들이 요셉의 채색 옷을 벗긴 장면은 상징적이다. 채색 옷은 '나는 특별하다'는 자존심의 표식이었다. 그것을 벗긴다는 것은, 현실 앞에서 모든 허상을 내려놓는 순간을 뜻한다. 요셉은 그때 처음으로 자신이 '보통의 소년'일 뿐임을 깨닫는다. 하지만 바로 그 깨달음이, 그를 진짜 성장으로 이끌었다.

불확실성의 강을
건너는 용기

꿈을 현실로 옮기려면, 불확실성의 강을 건너야 한다. 성공은 결코 확정된 결과가 아니며, 언제나 실패의 가능성을 품고 있다. 그래서 진짜 용기는 "될지 안 될지 모르지만 그래도 해보겠다"는 결단에서 비롯된다.

사자가 '맹수의 왕'이라 불리는 이유도 여기에 있다. 사자는 사냥 도중 들소의 뿔에 찔리거나, 기린의 발길에 맞아 죽거나 다칠 위험을 감수한다. 그럼에도 매번 사냥에 나서는 이유는, 위험을 두려워하지 않기 때문이다.

견우와 직녀 전설도 마찬가지다. 두 연인은 뜨거운 사랑을 했지만 잘못으로 인해 갈라져 각자 일에 매진해야 했다. 칠월칠석, 다시 만나려 했을 때 은하수가 그들 사이를 가로막았다. 은하수는 뿌옇고 불투명하다. 영어로 'Milky Way'라 불리는 것도 같은 이유다. 그것은 곧 성공할지 실패할지 알 수 없는 불확실성을 상징한다.

그들이 불확실성의 두려움 앞에서 머뭇거리자 지상에는 큰 홍수가 나서 사람들이 허우적거리며 아우성을 쳤다. 홍수가 난다는 것은 사람들이 침체에 빠지는 것을 상징한다. 이는 요셉이 현실이라는 두려움 앞에서 머뭇거리다 구덩이 속이 상징하는 침체에 빠졌던 것과 같다.

다행히도 견우와 직녀에게는 까치와 까마귀가 몸을 이어 오작교라는 다리를 놓아주었고, 마침내 두 사람은 용기를 내어 뛰어들어 상봉할 수 있었다. 오작교를 건넌다는 것은 좋은 소식(까치)과 나쁜 소식(까마귀), 그 모든 결과를 감수하고 나아가는 결단의 상징이다.

요셉도 마찬가지였다. 그는 큰 꿈을 꾸었지만, 그 실현은 결코 보장되지 않았다. 도단의 구덩이에 빠졌을 때, 꿈은 그를 끌어당겼지만 현실은 그를 붙잡아 세웠다.

그런데 아이러니하게도, 요셉을 구덩이에서 끌어낸 것은 '노예로 팔려갔다'는 사실이었다. 노예로 팔린 일은 절망처럼 보이지만, 그것이 오히려 새로운 시작이었다. 요셉은 "실패해봤자 노예일 뿐"이라는 각오로 불확실성 속으로 뛰어들었다. 이는 곧 죽음을 각오한 도전이었다.

요셉의 이름은 '더할 것'을 뜻한다. 그것은 단번에 성공을 보장하는 마법이 아니라, 실패를 감수하고도 다시 도전하게 만드는 성장의 힘이다. 그의 인생은 바로 이 '더할 것'의 정신으로 이어졌다.

꿈은 한 번에 이루어지지 않는다. 꿈은 한 번의 도약이 아니라, 이상과 현실 사이를 오가며 조금씩 다듬어 가는 그네 타기와 같다. 때로는 도단의 구덩이에 빠질 수도 있고, 불확실성의 강을 건너야 할 때도 있다. 그러나 그 과정이야말로 진짜 성장이며, 진짜 삶이다.

요셉은 실패를 두려워하지 않았고, 그 두려움을 성장의 발판으로 삼았다. 그것이 바로 '더할 것'의 정신, 곧 끊임없이 배우고, 시도하고, 성장하는 인간의 가장 위대한 힘이다.

시련은 악당이다, 고로 싸워 이겨야 한다

- 고난은 우리를 무너뜨리는 악당이 아니라, 성장을 위한 조연이다

큰 꿈에는
시련과 고난이 따른다

만약 원대한 꿈을 품기만 하면 저절로 이루어지는 세상이 있다면, 그보다 더 환상적인 세상은 없을 것이다. 그러나 현실은 그렇지 않다. 꿈이 있는 곳에는 반드시 시련과 고난이 함께 온다. 반대로 시련이나 실패가 전혀 없는 꿈은 사실상 꿈이라 부를 수 없다.

꿈이란 대부분 즉시 이루어지지 않는다. 오랜 시간과 노력이 필요하고, 그 과정에서 크고 작은 시련은 필연적으로 찾아온다. "나는 꿈이 있다"고 말하는 것은 멋져 보이지만, 그 말만으로는 아무 일도 이루어지지 않는다. 진정한 꿈을 가진 사람은 시련과 고난을 삶의 일부로 받아들이며 담대히 맞선다.

사람들이 요셉 이야기에 감동하는 이유도 여기에 있다. 그는 큰

꿈을 품었지만, 감옥과 배신, 모함과 절망을 견뎌냈다. 그 시련을 이겨낸 끝에 얻은 성공이었기에, 그의 이야기는 인간 승리의 표본으로 남았다.

반대로 요행이나 우연, 혹은 신의 특별한 도움으로 성공한 이야기는 일시적인 흥미는 줄지 몰라도 오래 남지 않는다. 진정한 감동은 스스로 시련을 극복해낸 사람에게서 나온다.

신은 시련과 고난으로
사랑을 표현하신다

좋은 부모는 자녀를 방임하지 않는다. 자녀가 세상 속에서 올곧게 서도록 가르치기 위해, 때로는 엄격하게 대한다. 부모의 엄격함은 미움이 아니라 사랑의 또 다른 표현이다. 더 크게 성장하길 바라는 마음이 그 안에 담겨 있다.

신이나 세상도 마찬가지다. 신은 인간에게 시련과 고난을 통해 사랑을 전한다. 그것은 인간을 단련시키고 강하게 만들기 위한 성장의 도구다. 하지만 대부분의 사람들은 그 뜻을 곧바로 이해하지 못하고 원망한다.

시련의 의미를 사랑으로 받아들이는 사람은 쉽게 포기하지 않는다. 오히려 불굴의 의지와 긍정적인 마음으로 현실을 뚫고 나간다. 그 결과, 그는 더 단단해지고, 더 큰 꿈을 향해 나아간다. 마치 부모의 의도를 일찍 깨달은 자녀가 반듯하게 자라듯, 세상이 주는 고난의 의미를 일찍 깨달은 사람은 흔들리지 않는다. 그는 시련을 넘어 성장의 기회를 붙잡는다.

시련은 의인화된
'악당'이다

소설이나 영화, 드라마에는 반드시 악당이 등장한다. 그 악당이 교활하고 악랄할수록 이야기는 더 긴장감 있고 흡인력 있게 전개된다. 악당이 없다면 주인공의 고뇌도, 성장도, 감동도 없다.

드라마 〈왔다! 장보리〉의 연민정, 〈내 딸 금사월〉의 오혜상과 강만후, 〈자이언트〉의 조필연 같은 인물들이 바로 그 예다. 그들의 존재가 극을 빛나게 했고, 시청자의 감정을 폭발시켰다. 최근 영화 〈K-POP 데몬 헌터스〉에서도 케이팝 스타들을 괴롭힌 '사자 보이스'와 '귀마'라는 악역이 있었기에 이야기의 긴장감이 극대화되었다.

현실에서는 이런 악당이 드라마처럼 자주 등장하지 않는다. 우리의 인생을 집요하게 괴롭히는 악역은 거의 없다. 그러나 누구에게나 예외 없이 찾아오는 존재가 있다. 그것은 바로 시련과 고난이다.

드라마 속 악당은 사실, 현실의 시련과 고난을 눈에 보이게 형상화한 존재다. 주인공이 넘어야 할 내면의 장벽과 갈등을 의인화한 것이다. 그래서 이야기 속에서는 '사악한 인물'로 표현되지만, 실제로는 인간이 성장하기 위해 반드시 넘어야 할 운명적 장애물이다.

시련을 '악당'으로
바꿔 생각하라

　무형의 시련은 막연하지만, 인격화된 악당은 싸울 대상을 명확히 보여준다. 따라서 우리가 마주한 고난을 마음속에서 '악당'으로 상상해보면 투지와 전의가 훨씬 강해진다.

　드라마 속 악당은 자비를 베풀지 않는다. 그가 끝까지 악해야 극이 완성된다. 시련도 마찬가지다. 너무 쉽게 견딜 수 있다면 그것은 진짜 시련이 아니다. 진정한 시련은 우리의 사정을 전혀 고려하지 않고 무자비하게 다가온다. 그 무자비함을 견뎌낸 사람에게만 진짜 감동과 승리가 주어진다.

　인간은 싸워야 할 적이 뚜렷할 때 가장 큰 힘을 발휘한다. 노동 운동이나 학생 운동이 거대한 힘을 가졌던 이유도 '악덕 사용자'나 '독재자'라는 명확한 적이 있었기 때문이다. 모호한 시련보다 구체적인 악당이 더 강한 투쟁심을 불러일으킨다.

　그러므로 인생의 시련과 고난을 단순한 불운으로 보지 말자. 그것을 싸워야 할 악당으로 상상해보자. 그 순간 마음속에서 투지가 일어나고, "결코 지지 않겠다"는 결단이 생겨난다.

나의 삶에도
악당이 있다

　누군가 "요즘 잘 지내냐?"고 물으면 우리는 습관적으로 "응, 잘 지내"라고 대답한다. 하지만 속으로는 이렇게 말해보자. "나는 지금도 싸우고 있다. 시련과 고난이라는 악당들과 싸우고 있다."

드라마 속 주인공만 악당과 싸우는 것이 아니다. 우리 모두는 각자의 인생에서 보이지 않는 악당과 맞서 싸운다. 꿈이 있는 사람에게 시련은 필연이면서 악당이다. 고로 싸워 이겨야 한다. 그 싸움에서 승리할 때, 우리는 단순한 성공이 아닌 감동적인 인간 승리의 주인공이 된다.

시련은 인생의 적이 아니라, 인생을 빚어내는 조력자다. 그것은 우리의 한계를 시험하지만, 동시에 우리의 가능성을 증명시킨다. 그러니 두려워하지 말라. 그 악당을 정면으로 바라보고, 담대히 싸워라. 그 끝에 기다리는 것은 패배가 아니라, 당신만의 가장 아름다운 승리의 찬가다.

낯선 세상으로
뛰어드는 용기

- 모든 성공의 첫걸음은 '두려움을 안고도 나아가는 용기'에서 시작된다

작은 세상에서
큰 꿈은 자라지 않는다

요셉은 이미 원대한 꿈과 야망을 품고 있었다. 그러나 그것은 작은 고향 땅에서는 결코 실현될 수 없는 일이었다. 그는 고개를 들어 당시 세계에서 가장 부유하고 문명화된 나라, 이집트를 바라보며 결심했다. "여기서는 내 꿈을 이룰 수 없다. 낯설지만 더 큰 세상으로 뛰어들어야 한다."

요셉이 형들에 의해 이집트로 팔려 간 것은 단순한 불행이 아니었다. 그것은 자신의 꿈을 향해 몸을 던진 첫 번째 도전이었다. 아무리 큰 꿈이라도 실행하지 않으면 아무 의미가 없다. 요셉은 두려움과 망설임을 뒤로하고, 스스로를 벼랑 끝에 세워 '배수진(背水陣)'을 친 것이다.

그가 살던 가나안은 작은 유목의 땅이었다. 경제 규모도, 사회적 지위의 사다리도 제한적이었다. 부모와 형제들이 자신에게 절할 정도의 큰 꿈은, 그곳에서는 이룰 수 없었다. 그에게 이집트는 오늘날의 미국처럼 기회의 땅이었다. 요셉은 반드시 그곳으로 들어가야 했다.

아무것도 없는 17세,
그러나 꿈 하나로

요셉의 나이 겨우 열일곱, 그에게는 지식도, 경험도, 인맥도, 재산도 없었다.

게다가 노예 신분으로, 말조차 통하지 않는 낯선 땅에 던져졌다. 그를 보호해 줄 가족도, 도움을 청할 친구도 없었다. 그가 가진 것은 오직 꿈 하나와 그것을 향한 열정뿐이었다.

노예란 사회적으로 가장 낮은 위치의 존재다. 언제 매를 맞거나 더 잔혹한 주인에게 팔려갈 지 알 수 없다. 그럼에도 요셉은 치욕과 공포를 감수하며, 낯선 세상으로 뛰어들었다. 바로 그 지점에서 그의 진짜 용기와 도전 정신이 빛난다.

새로운 세계에 처음 발을 디딜 때 누구나 낯설다. 언어도 다르고, 규칙도 다르고, 사람들의 시선도 낯설다. 요셉의 시작은 초라했고, 세상은 냉정했다. 하지만 그 길을 가지 않으면 꿈을 실현할 기회조차 얻을 수 없다. 힘없는 노예 취급을 받더라도, 수모와 굴욕을 견딜 각오가 있어야 한다. 그것이 큰 꿈을 가진 자의 첫 번째 시험이다.

치욕을 삼키고
나아가는 자가 결국 이긴다

역사는 우리에게 한 가지 진리를 가르쳐 준다. 모든 위대한 시작은 초라하다. 중국의 명장 한신(韓信) 역시 젊은 시절 불량배들에게 모욕을 당했다. 싸움을 피하려다 그들의 다리 사이를 기어가는 굴욕, 바로 '과하지욕(袴下之辱)'을 당했다. 사람들은 그를 비웃었지만, 한신은 그 치욕조차 삼키며 마음속으로 더 큰 뜻을 품었다.

요셉의 노예 신분과 한신의 굴욕은 서로 닮았다. 모욕은 약이 되었고, 수모는 성장의 불씨가 되었다. 훗날 두 사람 모두 자기 시대의 영웅으로 성장했다. 성경 욥기 8장 7절의 말씀처럼, "네 시작은 미약하였으나, 네 나중은 심히 창대하리라."

이 세상의 거목들도 처음엔 모두 미약한 새싹이었다. 작은 씨앗이 비바람을 견디며 큰 나무로 자라듯, 사람도 수모와 역경이라는 비바람을 견디며 비로소 성장한다. 그러므로 꿈을 향한 첫걸음이 초라하다면 차라리 다행이다. 그 길에는 반드시 시련과 설움이 따르기 때문이다. 요셉처럼 미리 각오하고 뛰어들면, 막상 고난이 닥쳐도 쉽게 흔들리지 않는다.

배수진의 용기,
돌아갈 길이 없을 때 생기는 힘

성공한 사람 중 배수진을 치지 않은 사람은 없다. 물러설 길이 없을 때, 인간은 놀라운 힘을 발휘한다. 배수진은 단순한 각오가 아니라, 내면의 명령이다. "뒤는 없다. 오직 앞으로 나아가라." 이 결단이야말로 낯설고 두려운 세상을 뚫고 나아가게 만드는 원동력이다.

요셉은 노예 신분으로 이집트에 던져졌지만, 그 자리에서 무너지지 않았다. 오히려 그것을 새로운 출발로 삼았다. 그는 감옥에서도, 배신 속에서도, 스스로의 이름이 가진 뜻처럼 "더할 것", 곧 '더 나아가고, 더 배우고, 더 성장한다'는 마음으로 나아갔다. 그 태도가 그를 국무총리의 자리까지 이끌었다.

낯선 세상을 향해, 한 걸음 내딛는 사람들

인류 문명사에 이름을 남긴 모든 위인과 스타들은 처음엔 낯선 세계로부터 시작했다. 무대에 서는 첫날의 두려움, 외국에서의 첫 출근, 새로운 분야의 첫 시도 등, 누구나 그때는 불안하고 초라했다. 그러나 그 한 걸음을 내디딘 사람만이 성장했다.

꿈을 향한 첫 도전은 언제나 두렵다. 그러나 그 두려움을 넘는 용기야말로 인생을 바꾸는 순간이다. 요셉이 그랬듯, 배수진을 치고 낯선 세상으로 뛰어드는 사람만이 결국 자신의 꿈을 현실로 만든다.

요셉의 인생은 우리에게 말한다. "두려워도 뛰어들라. 초라해도 시작하라." 꿈을 향한 첫걸음은 언제나 불안하고 낯설지만, 그 불안

속에서 비로소 진짜 성장이 시작된다. 낯선 세상은 우리를 두렵게 하지만, 그 문을 두드리는 순간, 새로운 인생이 열린다.

나체 미녀 같은 뇌물의
강렬한 유혹

- 유혹은 언제나 아름답다. 그래서 이성은 강해야 한다

경호대장 보디발의 집에서
신임받은 젊은 노예

이집트로 팔려간 요셉은 왕의 경호대장 보디발의 집에 들어가게
되었다. 그곳에서 그는 탁월한 성실함과 책임감으로 주인의 신임을
얻었고, 가정 살림을 총괄하는 심복의 자리에 올랐다.

성서는 이렇게 기록한다. "여호와께서 요셉과 함께하시므로 그가
하는 모든 일이 잘되었다. 주인은 그를 신임하여 집안의 모든 소유
를 맡겼다." 요셉이 노예의 치욕을 감수하고도 도전했기에, 하나님께
서 그를 도우신 것이다. 흔히 말하는 "하늘은 스스로 돕는 자를 돕
는다"는 말이 그대로 실현된 셈이다.

만약 요셉이 "나는 노예가 되기 싫다"며 가나안 땅에 머물렀다면,
그는 결코 하나님의 동행을 경험하지 못했을 것이다. 하나님은 언제

나 소극적이고 무사안일한 자가 아니라, 두려움을 넘어 도전하는 자와 함께하신다.

능력 있는 자는
어디서나 중용된다

요셉은 낯선 이집트에서 단기간에 적응하고 실력을 발휘했다. 그 결과 보디발의 가정 살림을 도맡는 총무, 오늘날로 치면 대기업 회장의 비서나 집사 같은 중책을 맡게 되었다. 겉으로는 노예 신분이었지만, 실제로는 경호대장의 오른팔이었다.

고대 사회에서 경호대장의 권세는 막강했다. 요셉이 그 집에 들어간 것은 단순한 우연이 아니라, 훗날 이집트의 국무총리로 성장할 그에게 꼭 필요한 정치 행정의 훈련 과정이었다. 만약 그가 농부나 상인의 집으로 팔려갔다면, 그의 인생은 노동과 가난 속에서 끝났을 것이다.

요셉은 근면하고 치밀했으며, 인간관계에 능했다. 그의 성실함과 충성심, 뛰어난 일처리 능력은 주인에게 절대적인 신뢰를 주었다. 성서는 요셉의 성품을 장황하게 설명하지 않는다. 왜냐하면 능력 있는 사람을 쓰는 것이 세상의 상식이기 때문이다. 그 상식 속에 이미 신의 섭리가 담겨 있다.

신의 은총은
'돌베개 정신'에서 시작된다

요셉이 하나님의 은총을 받은 것은 그가 불편함과 피로를 마다하지 않고 '돌베개 정신'으로 일했기 때문이다. 이 정신은 그의 아버지 야곱에게서 이어받은 유산이었다. 야곱이 하란으로 향하던 길에 돌을 베고 잠들었을 때, 하나님이 나타나 복을 약속하셨다. 그 돌베개는 불편함의 상징이지만, 동시에 근면과 헌신의 출발점이었다.

하나님은 불편함을 감수하고 열심히 배우며, 실력자로 성장하려는 사람을 기뻐하신다. 은총은 기도만으로 내려오지 않는다. 먼저 노력과 성실을 '선물'로 드릴 때, 그분의 축복 명단에 이름이 오른다.

요셉은 바로 그 자세로 일했다. 그는 하루 종일 부지런히 일하며 불평하지 않았다. 그의 근면한 태도가 하나님을 감동시켰고, 결국 보디발의 집에서 총무의 자리에 오르게 되었다.

권력의 최측근,
'경호대장의 아내'

요셉은 이제 가정총무이자 비서의 지위에 올랐다. 많은 이들이라면 그 정도에서 만족했겠지만, 요셉의 꿈은 훨씬 더 컸다. 부모형제가 그에게 절을 할 정도가 되려면 이집트의 국무총리가 되어야만 했다.

호사다마(好事多魔)라고 하듯이 그의 앞에 보디발의 아내가 나타났다. 성서는 그녀가 요셉에게 잠자리에 들자고 유혹했다고 전한다. 그러나 단순한 성적 유혹이 아니라, 권력의 최측근이 제시한 달콤한 거래와 뇌물의 상징으로 읽을 수 있다.

보디발의 아내는 주인의 모든 것을 알고 움직이는 핵심 인물이었다. 그녀의 제안은 단순한 사랑의 감정이 아니라, 권력 내부의 비리와 타협을 요구하는 제의였을 가능성이 크다.

요셉은 그 제안을 단호히 거절했다. 고대 사회에서 노예가 주인의 아내를 겁탈하려 했다는 죄는 즉시 사형감이었다. 그러나 요셉은 죽지 않고 왕의 죄수를 수감하는 특별 감옥에 갇혔다. 이는 실제 사건이 성적 문제가 아니라 정치적 갈등이었음을 보여준다. 그는 부패를 거절한 대가로 불이익을 당한 것이다.

나체 미녀와
뇌물의 유혹

보디발의 아내가 요셉을 붙잡는 장면은 수많은 서양화가들에게 영감을 주었다. 그녀는 침대 위에서 옷을 벗은 채 요셉을 잡아당긴다. 이 장면은 단순한 욕정이 아니라, 나체 미녀처럼 눈부시지만 위험한 '뇌물의 유혹'을 상징한다.

나체 여인이 남자의 본능을 자극하듯, 거액의 뇌물은 인간의 탐욕을 자극한다. 그래서 성서는 이 이야기를 통해 청렴함이야말로 큰 꿈을 이룰 자의 필수 덕목임을 강조한다.

이슬람 전승에서는 그녀를 '줄라이카(Zulaikha)', 유대 전승에서는

'젤리카(Zuleika)'라 부른다. 뜻은 "눈부신 아름다움". 그러나 그 아름다움은 인간의 욕망을 시험하는 덫이었다. 요셉은 그 유혹을 이겨냈다. 그가 꿈꾼 것은 잠깐의 쾌락이나 부가 아니라, 부모와 형제들이 자신에게 절을 할 정도의 더 큰 성공이었기 때문이다. 요셉이 작은 욕망을 거절할 수 있었던 이유는 더 큰 꿈이 마음속에 버티고 있었기 때문이다.

청렴은
큰 꿈을 지키는 방패

성서는 말한다. "그 여인이 날마다 요셉에게 유혹하였으나, 요셉은 함께 동침하지도, 함께 있지도 않았다." 이 말은 단순한 정절의 강조가 아니라, 청렴과 원칙을 지키는 태도를 상징한다.

승진, 계약, 사업 특혜 등에서 반복되는 달콤한 제안, 그 모든 유혹을 요셉은 단호히 끊었다. 큰 꿈을 가진 사람일수록 청렴해야 한다. 권력과 부의 자리에는 언제나 유혹이 따라오기 때문이다.

요셉 이야기가 청렴을 강조하는 것은 사람들이 그만큼 부패와 뇌물의 유혹에서 자유롭지 못하기 때문이다. 이러한 성향은 현대 사회까지 이어져 오늘날에도 관공서 복도나 화장실에서 청렴에 관한 문구를 쉽게 볼 수 있다. 요셉은 청렴함을 지킨 덕분에 감옥에서는 억울했지만, 훗날 국무총리로 오르는 길이 열렸다. 청렴은 그를 지켜주는 보이지 않는 방패였다.

억울한 누명,
그러나 더 큰 길로

경호대장의 아내는 교묘하게 사실을 조작했다. 요셉이 달아나며 버린 옷을 증거로 삼아 "그가 나를 겁탈하려 했다"고 거짓 주장했다. 성서는 그날따라 그 넓은 집에 두 사람 이외는 아무도 없었다고 설정하고 있다. 요셉에게 죄를 뒤집어씌우기 위한 증거가 조작되어도 요셉이 일방적으로 당할 수밖에 없었음을 의미한다.

그러나 보디발은 그를 죽이지 않았다. 그 대신 왕의 죄수를 가두는 감옥에 보냈다. 이는 그가 이미 요셉의 무죄를 알고 있었음을 암시한다. 결국 요셉은 그 감옥에서 죄지은 왕의 관원장들과 교류하며 정치적 기반을 다지는 기회를 얻게 된다. 이 감옥은 단순한 형벌의 장소가 아니라, 요셉의 정치적 훈련소였다. 그는 억울함 속에서도 꿈을 잃지 않았고, 자신의 미래를 준비했다.

보디발의 집 사건은 인간이 어떤 유혹 앞에서도 청렴과 원칙을 잃지 말아야 한다는 메시지를 전한다. 큰 꿈은 언제나 달콤한 유혹의 시험을 동반한다. 그 시험을 이겨낸 자만이 세상을 다스릴 자격을 얻는다.

요셉은 장자권을 택한 야곱처럼, 눈앞의 팥죽 대신 먼 미래의 약속을 선택했다. 그는 불의에 타협하지 않았고, 그 대가로 감옥에 갇혔지만, 결국 이집트의 국무총리가 되었다. 그의 이야기는 오늘 우리에게 이렇게 말한다. "나체 미녀 같은 뇌물의 유혹이 아무리 강렬해도, 큰 꿈을 가진 사람은 그것을 이겨낸다."

결단을 내리고
때를 기다리다

- 감옥은 요셉에게 좌절의 장소가 아니라, 결단과 준비의 장소였다

시련 속에서도
"더할 것"이라며 견뎌낸 요셉

요셉은 자신의 꿈을 향해 순조롭게 나아가던 중, 억울한 누명을 쓰고 감옥에 갇혔다. 어디에도 하소연할 데가 없었고, 그의 진실함을 아는 이는 오직 신뿐이었다. 감옥은 고대든 현대든 언제나 시련과 고난의 상징이었다. 자유가 억압되고, 희망이 끊기며, 인간의 존엄이 시험받는 곳이기 때문이다.

요셉이 수감된 곳은 왕의 죄수를 가두는 궁중 전용 감옥이었다. 그 안에서도 하나님은 요셉과 함께하셨고, 간수장의 신임을 받아 감옥 업무 전체를 관리하게 하셨다.

겉으로 보면 하나님이 요셉의 위기마다 개입하신 듯 보이지만, 실상은 달랐다. 요셉이 가장 큰 위험에 처했던 때는 형들에 의해 우

물 속에 던져졌을 때였다. 그때 하나님은 아무런 개입도 하지 않으셨다.

이는 하나님이 단순히 위험을 막기 위해 돕는 분이 아니라, 진실한 태도와 올바른 행동 속에서 함께하시는 분임을 보여준다. 요셉은 "노예라도 이집트로 가겠다"는 결단으로 도전했고, 유혹 앞에서도 흔들리지 않았다. 감옥에 갇힌 후에도 "더할 것"이라는 이름의 뜻처럼 성장·긍정·인내의 줄기 정신으로 하루하루를 견뎠다.

그는 포기하지 않았다. 하나님은 그런 요셉을 귀히 여기셨다. 게으르고 비관적인 사람을 돕지 않으시듯, 하나님은 진실함과 성실함 속에 성장 의지를 품은 자에게만 은혜를 더하신다.

두 관원장의 꿈과 요셉의 상반된 해석

요셉의 감옥 생활은 마치 드라마의 한 장면 같다. 악인의 모함으로 감옥에 갇힌 주인공, 진실이 밝혀지길 바라는 시청자들의 마음, 이러한 이야기 구조가 현대 드라마와 닮아 있다.

요셉의 억울한 옥살이 속에서 전환점이 찾아왔다. 그는 감옥에서 술을 따르는 관원장과 빵 굽는 관원장을 만난다. 두 사람은 모두 왕의 측근이었고, 각자 심란한 꿈을 꾸었다.

술 맡은 관원장이 자신의 꿈을 말했다.

"내 앞에 포도나무가 있었는데 가지가 셋이 돋아 곧 꽃이 피고 포도송이가 익었다. 내 손에 바로의 잔이 들려 있기에 포도를 따서 즙을 짜고 그 잔을 바로께 올렸다."

요셉은 이를 다음과 같이 해석했다. "가지 셋은 사흘을 뜻합니다. 사흘 뒤 바로께서 관원장을 복직시키실 것이며, 다시 바로의 손에 술잔을 올리게 될 것입니다."

그리고 요셉은 부탁했다. "당신이 회복되거든 저를 기억하고, 바로께 제 사정을 알려 감옥에서 나가게 해주십시오. 저는 히브리 땅에서 끌려왔고, 죄를 지은 일도 없습니다."

빵 굽는 관원장은 요셉이 꿈 해석을 좋게 해주는 것을 보고 자신의 꿈을 말했다.

"머리에 빵이 담긴 바구니 셋을 이고 있었는데, 맨 위 바구니에 바로께 드릴 온갖 빵이 있었다. 그런데 새들이 그것을 쪼아 먹었다."

이 꿈에 대해 요셉은 다음과 같이 해석했다. "바구니 셋은 사흘을 뜻합니다. 사흘 뒤 바로께서 관원장을 처형해 나무에 매달 것이며, 새들이 그 시신을 쪼아 먹을 것입니다."

현실에서라면 이런 해석을 듣는 순간 관원장은 분노해 요셉을 죽이려 들었을지도 모른다. 요셉은 외국에서 노예로 팔려온 데다 죄수 신분이었기에, 감히 고위 관원에게 비극적인 운명을 말하는 것은 자신의 목숨을 내놓는 일이나 다름없었다.

사흘째 되는 날은 바로의 생일이었다. 그는 신하들을 불러 잔치를 베풀고 두 관원장을 불러냈다. 술 맡은 관원장은 직책이 회복되어 바로의 손에 술잔을 올렸고, 빵 굽는 관원장은 처형되었다. 요셉의 해석대로 된 것이다. 그러나 아쉽게도, 요셉의 부탁과 달리 술 맡은 관원장은 요셉을 잊고 말았다.

요셉의 꿈 해석은 단순한 예언이 아니었다. 그것은 사람의 심리와 상황을 꿰뚫는 통찰력과 지성의 상징이었다. 그러나 아무리 통찰이 뛰어나도, 그를 구원할 사람은 당장은 나타나지 않았다. 그는 여전히 감옥 속에서 자신의 때를 기다려야 했다.

꿈 해석에 숨겨져 있는 요셉의 선택과 결단

요셉이 술 따르는 관원장과 빵 굽는 관원장의 꿈을 해석하는 장면은 그의 인생에서 중대한 전환점이었다. 감옥이라는 절망스러운 구렁텅이에서 인생이 끝나느냐, 아니면 이집트 왕권의 중심부로 진입하느냐가 이 사건에 걸려 있었기 때문이다.

두 사람의 직책도 비슷했고 꿈의 내용 또한 엇비슷했지만, 요셉은 그들 가운데 누구를 통해 왕에게 연결될 것인가를 깊이 저울질했다. 그리고 그는 단 하나의 패만을 선택했다. 그 선택은 곧 생사를 건 결단이었다.

요셉이 순수한 선행만을 목적으로 꿈을 해석했다면, 술 따르는 관원장에게 자신을 바로에게 소개해 달라는 요청을 할 이유가 없었을 것이다. 이 요청은 요셉이 처음부터 왕과 연결되는 가능성을 염두에 두고 움직였음을 보여준다.

성서는 이 장면에서 독자로 하여금 인간에게 주어지는 양자택일의 압박과 결정의 무게를 응시하게 한다. 두 사람 모두 왕 앞으로 회복될 수 있었지만, 이야기의 긴장과 인간적 의미를 위해 요셉은 한 사람을 선택하고 한 사람을 버려야 했다.

그는 술 따르는 관원장을 '살아 있는 패'로 판단했고, 빵 굽는 관원장은 '버려야 할 패'라 보았다. 그러나 이러한 판단은 결코 안전한 선택이 아니었다. 만약 상황이 뒤집혀 술 따르는 관원장이 죽고 빵 굽는 관원장이 회복되었다면, 요셉은 왕 앞에 서기는커녕 무고한 사람을 희롱한 죄까지 더해져 고통스러운 감옥 생활을 지속했을 것이다.

말하자면 그는 자신의 남은 생애 전체를 담보로 한 결단을 내린 셈이다. 신의 도움으로 미래를 미리 보고 움직인 것이 아니라, 불확실성과 위험 속에서 고심하며 선택하고 결단했다는 점에 이 사건의 가치가 있다. 그는 단순하게 술 따르는 관원장의 꿈을 해석한 것이 아니라 인간에 대한 투자를 하는 결단을 내린 것이다.

이 장면은 현대 독자에게도 강력한 시사를 던진다. 인간의 삶은 인재 채용, 투자, 배우자 선택, 직업과 진로 결정, 부동산 선택, 차량 구매, 해외여행, 취미 생활 등 일상의 거의 모든 순간에서 선택과 결단을 요구한다.

그러나 실제 생활에서 우리는 요셉처럼 단호하게 판단하기 어려워한다. 선택에는 언제나 결과가 따르고, 그 결과에 책임을 져야 한다는 두려움 때문이다. 내가 선택한 쪽이 '죽을 패'일 수도 있고, 버린 쪽이 '살아나는 패'일 수도 있는 가능성은 누구에게나 현실적인 공포로 다가온다. 그래서 사람들은 완벽한 결정을 내리기 위해 더 많은 정보를 찾고, 더 오래 생각하고, 모든 변수를 통제하려 애쓴다.

그러나 인간은 신이 아니다. 완벽한 결단, 실패 가능성이 전혀 없는 선택 따위는 존재하지 않는다. 결국 결단이란 불확실성 속에서 움직이는 용기다. 요셉의 선택 장면은 바로 그 본질을 드러낸다.

요셉의 단호한 결단, 나무꾼의 금도끼 쇠도끼 결단

요셉의 단호한 결단력과 관련하여 흔히 '정직의 미덕'으로 알려진 〈금도끼 은도끼〉 이야기를 새롭게 들여다볼 필요가 있다. 원형인 이솝우화에서는 산신령 대신 장사·무역·도둑·사기꾼의 신인 헤르메스가 등장한다.

태어나자마자 사기를 치고 거짓말을 일삼았던 신이 '정직'을 설교하고 있다는 점은 역설적이다. 이는 정직이 이 이야기의 핵심이 아니라, 실생활을 관장하는 헤르메스가 인간에게 전하고자 하는 또 다른 매우 유용한 덕목이 있음을 암시한다.

도끼는 내리찍는 도구이기에 결단을 상징한다. 인간이 결단을 내리지 못하고 삶에서 갈팡질팡하는 이유가 무엇인지 이 이야기는 넌지시 보여준다. 금도끼를 탐낸 사람들은 본질적으로 거짓말쟁이라기보다 우유부단하고 완벽주의적이며, 늘 '최고의 결단'만을 찾는 사람들이다.

금도끼는 최고, 은도끼는 차선이라는 상징을 담고 있다. 둘 다 현실의 불완전함을 인정하지 못하고 완벽한 결정을 내려야 한다는 강박을 나타낸다. 그 결과 우유부단함을 보이게 된다.

그러나 인생에는 완벽한 선택이 없다. 전쟁, 투자, 시험, 시합 등 어떤 영역에서도 100퍼센트의 승리나 성공을 보장하는 선택과 결단은 존재하지 않는다. 불확실성과 변수는 인간 세계의 본질이다. 그럼에도 사람들은 '금도끼'를 잡으려다 결단 자체를 내리지 못하고 시간을 허비한다. 생각이 깊어질수록 용기는 사라지고, 행동은 멈춘다.

반대로 우화 속 나무꾼은 단호했다. 금도끼를 내밀 때도, 은도끼를 내밀 때도 그는 흔들림 없이 "아닙니다. 제 도끼는 쇠도끼입니다"라고 말했다. 이 짧은 대답은 정직성보다 앞서 현실을 받아들이는 결단력의 핵심을 보여준다. 결단이란 최상의 선택을 고르는 능력이 아니라, 지금 가능한 선택을 지체 없이 실행하는 능력이다.

쇠도끼는 투박하고 무겁고, 때로는 무뎌지기까지 한다. 그러나 갈아서 다시 쓰면 된다. 현실 속의 선택들도 마찬가지이다. 불완전한 선택일지라도 시작해야 다시 갈아낼 수 있고, 보완할 수 있고, 다음 단계로 이동할 수 있다. 반면 금도끼와 은도끼는 너무나 귀하고 비싸서 쉽게 손댈 수 없다. 그래서 그 도끼를 원한 사람들은 결국 아무것도 시작하지 못하는 악순환에 빠진다.

요셉이 감옥에서 내린 선택도 바로 이러한 쇠도끼의 결단과 닮아 있다. 완벽한 정보를 갖고 판단한 것이 아니었다. 어느 쪽이 생명을 얻고 어느 쪽이 죽을지 알 수 없는 현실에서, 그는 자신의 미래를 향해 단호하게 손을 뻗었을 뿐이다. 그러한 선택이 있었기에 요셉은 감옥이라는 겨울을 통과해 이집트 왕 앞에 서게 되는 봄을 맞을 수 있었다.

결국 결단력은 '최고'가 아닌 '지금'을 붙드는 힘이며, 이상이 아니라 현실을 통과하게 하는 용기다. 헤르메스는 금도끼를 탐한 사람에게 아무것도 주지 않았지만, 쇠도끼를 선택한 사람에게는 오히려 금도끼와 은도끼를 덤으로 주었다. 이것이 결단의 역설이다. 처음부터 금빛을 바라본 사람은 빈손이 되고, 쇠 빛 현실을 붙잡은 사람은 언젠가 금빛 결실을 손에 쥐기도 한다.

요셉의 선택도 그렇다. 그가 감옥에서 '쇠도끼 같은' 현실적 선택을 하지 않았다면, 그는 결코 이집트 왕 앞에 서지 못했을 것이다. 결단하지 않는 사람에게는 어떤 길도 열리지 않는다. 그러나 결단하는 사람에게는 처음엔 쇠 빛처럼 보이던 선택도 언젠가 금빛으로 반짝일 수 있다.

결단이란 완벽한 순간을 기다리는 일이 아니라, 지금이라는 불완전한 순간을 움켜쥐는 용기다. 그리고 그 결단이 바로 인간을 움직이게 하고, 인생의 방향을 결정하며, 새로운 세계로 나아가게 한다.

요셉을 감옥에서 벗어나게 한 것은 예정된 신의 도움이 아니라 불확실성 속에서 단호하게 내린 결단의 결과다. 요셉은 맨몸으로 그 당시 세계 최고의 부자이면서 권력자로 성공한 사람이다. 그런 사람에게 공통적으로 요구되는 자질 중 하나가 과감한 결단력임은 의심의 여지가 없다.

요셉과 춘향,
억울한 옥살이의 평행선

요셉이 술 따르는 관원장을 선택하는 과감한 결단을 내렸지만 그 결단이 빛을 보기 전까지 감옥살이는 무려 2년 동안 이어졌다. 이 억울한 옥살이는 한국 고전 속 춘향의 이야기와 닮아 있다. 두 사람 모두 잘못이 없었지만, 신분이 낮다는 이유로 억울한 벌을 받았다.

춘향의 옥중 신세를 그린 판소리 〈쑥대머리〉는 이렇게 노래한다. "쑥대머리 귀신형용, 적막옥방 찬 자리에…" 감옥은 인권의 사각지대였다. 빛이 들지 않는 동굴 같은 방, 쥐와 벌레가 들끓고, 대소변은 치워지지 않았으며, 음식은 형편없었다. 사람들은 세수도 면도도 못한 채, 말 그대로 '쑥대머리'가 되어 버렸다.

성서에는 요셉의 구체적 모습이 나오지 않지만, 그가 바로 앞에 설 때 "면도하고 옷을 갈아입었다"는 기록이 있다. 그 짧은 구절이 요셉의 감옥 생활이 얼마나 초라하고 고통스러웠는지를 말해 준다.

춘향과 요셉 모두 고난의 시간 속에서 품격을 잃지 않았다. 그들의 이야기가 전하는 메시지는 같다. "성공의 빛을 보기 전에는 누구나 쑥대머리의 시기를 거쳐야 한다."

고난은 누구에게나 온다. 그러나 그 고난을 견뎌내는 사람만이 진정한 성공을 맞이한다. 요셉에게 감옥의 2년은, 바깥세상의 20년에 맞먹는 긴 시간이었다. 그를 지탱한 힘은 오직 하나, '더할 것'이라는 마음의 다짐이었다. 하루에도 수백 번, 그는 스스로에게 말했다. "지금은 고난이지만, 나는 더할 것이다." 그 다짐이 그를 버티게 했고, 결국 감옥의 어둠을 뚫고 새로운 세상으로 나아가게 했다.

감옥은
심리적 공간이기도 하다

요셉의 감옥은 단지 물리적인 철창이 아니었다. 가난하거나 성공하지 못한 사람은 늘 부와 성공을 꿈꾸지만 번번이 좌절되곤 한다. 그는 현실을 감옥처럼 싫어하고, 빠져나가고 싶어 하지만 출구를 찾지 못한다. 그 결과 자신이 원하는 세계와는 동떨어진 채, 외롭고 초라한 상태에 머무르게 된다.

이것이 바로 심리적 감옥이다. 사람들은 크고 작은 차이는 있지만, 현실과 자신이 바라는 목표나 사회적 위치 사이의 괴리로 인해 이런 심리적 감옥에 빠지곤 한다.

고대 감옥은 오늘날의 휴양지처럼 양지바른 곳에 만들어지지 않았고 빛이 거의 들지 않는 열악한 암흑의 공간이다. 빛이 들지 않는다는 것은 거꾸로 말하면 빛을 보지 못하고 있다는 의미다. 자신의 진정한 실력을 발휘할 기회를 아직은 잡지 못해 빛을 못 보고 있는 상태라 할 것이다.

세계 챔피언이나 최고의 자리를 꿈꾸는 선수와 학자들에게도 일종의 심리적 감옥이 있다. 권투선수나 격투기 선수는 링을 떠나면 안 되고, 야구·축구 선수는 그라운드를 떠날 수 없다. 과학자는 연구실을 벗어나지 않고 끊임없이 실험과 연구를 이어가야 한다. 이런 곳들은 자유가 제한되는 공간이다.

매일 땀 흘리며 훈련하거나 연구에 매달리지만, 성공하여 빛을 보기 전까지는 아무도 알아주지 않아 외롭고 초라하다. 그런 곳에서의 집중이 바로 위대한 성취를 만든다. 모든 성장은 어느 형태로든 감옥을 통과해야 한다. 그 시간은 견디기 어렵지만, 반드시 필요한 과정이다.

나비가 되기 전, 고치 속의 시련

나비는 화려하게 날기 전, 비좁고 어두운 고치 속에서 오랜 시간을 버텨야 한다. 그 시기를 참지 못하고 조급히 나오면, 날개가 제대로 자라지 않아 날 수 없다.

우리는 나비가 고치 속에서 성장하는 것을 두 눈으로 볼 수 없지만 그 속에서 나비의 성장이 이뤄졌다는 것을 상식적으로 알고 있다. 요셉의 감옥은 바로 그 고치였다. 감옥에서 요셉이 성장하고 실력을 쌓는 과정이 보이지 않지만 상식적으로 그도 나비처럼 성장했다. 이집트 왕 앞에 나가 나비처럼 화려한 날갯짓을 하려면 그런 과정은 필수적이기 때문이다.

요셉은 그 안에서 외롭고 초라했지만, 내면의 힘을 길렀다. 그는 감옥이라는 고난 앞에서도 분노하거나 절망하지 않았다. 그는 마음속으로 '더할 것'이라 되뇌이며 두 관원장 중에 하나를 선택하는 과감한 결단을 내렸다. 그 인내와 끈기, 과감한 결단력이 결국 빛나는 이집트 왕 앞에 설 자격을 만들어 주었다.

17세 요셉이 꾼 꿈은 누구보다 크고 원대했다. 그렇기에 그의 시련도 남달랐다. 큰 꿈에는 큰 시련이 따른다. 요셉은 그 진리를 받아들이며, 매번 닥쳐오는 고난을 성장의 기회로 삼았다. 결국 그는 감옥을 탈출한 것이 아니라, 그 감옥을 통해 완성되었다. 그가 세상 밖으로 나왔을 때, 이미 요셉은 한 단계 더 큰 사람으로 변해 있었다.

시련의 시간은 축복의 준비다. 요셉의 감옥살이는 실패가 아니라 고치 속 성장의 시간이었다. 그는 억울함 속에서도 절망하지 않았고, 불평 대신 인내를, 포기 대신 성실, 우유부단함 대신 과감한 결단을 택했다. 시련은 인간을 무너뜨리는 게 아니라, 그 사람을 다듬고 완성한다. 요셉은 그 어둡고 답답한 감옥에서 '나비의 날개'를 키웠다. 그리고 때가 되었을 때, 그는 빛나는 세계로 나가 누구보다 높이, 누구보다 멀리 날아올랐다.

금척설화와
요셉 이야기

- 큰 꿈은 시대를 넘어 반복된다. 이름은 달라도 정신은 같다

우리 전통 속에도 숨은
'요셉의 꿈'

우리나라 설화 가운데에는 성서의 요셉 이야기와 놀랍게 닮은 금척설화(金尺說話)가 있다. 두 이야기 모두 주인공이 크고 비범한 꿈을 꾸고, 그 꿈으로 인해 감옥이라는 시련의 공간을 거쳐 결국 성공에 이른다는 점에서 유사하다.

금척설화의 줄거리는 다음과 같다.

어려서 부모를 잃고 머슴살이를 하던 한 청년이 어느 날 커다란 꿈을 꾸었다. 그러나 그는 끝내 꿈의 내용을 밝히지 않았다. 그 때문에 주인은 화가 나 그를 관가에 고발했고, 임금 앞에서도 꿈 이야기를 말하지 않자 왕은 분노하여 그를 감옥에 가두었다.

그때 머슴은 감옥에서 새끼 쥐를 죽였는데, 어미 쥐가 금으로 된 자(尺)를 물고 와 죽은 새끼의 몸을 재자 새끼가 살아났다. 머슴은 그 신비한 금척을 빼앗아 차지했다.

마침 임금의 딸이 불치병에 걸렸는데, 머슴은 금척으로 공주를 살려내어 임금의 사위가 되었다. 이어 중국 황제의 딸도 같은 방법으로 살려내어 황제의 사위가 되었다. 결국 그는 두 나라의 부마가 되어 부귀영화를 누렸고, 그제야 꿈의 내용을 밝히며 이야기의 비밀이 드러난다.

요셉 이야기와의 닮은 점

요셉과 머슴은 모두 낮은 신분에서 출발했다. 요셉은 노예로, 머슴은 하인으로 살았다. 둘 다 보통 사람의 상상 너머의 큰 꿈을 꾸었으나, 요셉은 꿈을 말했다가 감옥에 갇히고, 머슴은 꿈을 말하지 않아 감옥에 갇힌다. 이처럼 원인은 반대지만, 두 사람 모두 '꿈 때문에 고난을 겪었다'는 점이 흥미롭다.

감옥은 단순한 쇠창살이 아니라 시련과 고난의 상징이다. 요셉이 감옥에 있지 않았다면 애굽의 왕을 만날 기회가 없었을 것이고, 머슴 또한 감옥에 갇히지 않았다면 금척을 얻지 못했을 것이다. 둘 다 어둡고 답답한 터널을 지나 빛나는 궁궐의 문 앞에 선 것이다.

요셉이 감옥에서 주목받은 이유는 신비로운 능력 때문이 아니라, 성실하고 유능한 태도 덕분이었다. 그는 주어진 일에 꼼꼼하고 주도

면밀하게 임했고, 사람들과의 관계에서도 원만했다. 성서가 말하는 '하나님의 은혜'란 곧 이런 자질이 하늘이 내린 은총이라는 뜻이다.

머슴 역시 요셉처럼 좋은 성품과 능력을 지녔기에, 고된 시련 속에서도 기회를 잡을 수 있었다. 다만 그의 이야기는 신비로운 상징과 마법적 요소로 표현되었을 뿐이다.

금척의 상징, 정확함과 객관성의 힘

금척은 단순히 '금으로 된 자'가 아니다. 금(金)은 최고의 가치를, 자(尺)는 사물을 재는 기준을 상징한다. 따라서 금척은 정확하고 꼼꼼한 사고, 과학적이고 객관적인 태도를 뜻한다. 금척을 세간에서 통용되는 한 단어로 바꾸면 '디테일'이라 할 것이다.

주먹구구식이 아닌 정확한 기준과 데이터에 기반한 사고는 오늘날의 과학 정신과 통한다. 금척을 얻는다는 것은 곧 정확성과 세밀함이라는 성공의 비밀 도구를 손에 넣는 것이다.

요셉은 철저한 성실함으로, 머슴은 금척이라는 상징적 도구로 감옥에서 탈출해 큰 꿈을 이루었다. 두 이야기는 모두 "고난 속에서 기회를 잡는 자만이 성공한다"는 교훈을 전하기도 한다.

죽은 공주를 살려낼 정도의 일을 하면 부귀영화가 따른다

금척설화에서 머슴이 공주를 살려낸 일은 단순한 기적이 아니라 상징적 표현이다. 왕과 황제의 딸은 세상에서 가장 소중한 존재이며, 그들을 되살린다는 것은 세상에서 가장 어려운 일을 해냈다는 뜻이다. 이처럼 '죽은 공주를 살려낸다'는 것은, 나라를 구하는 영웅의 업적, 혁신적인 발명, 수많은 생명을 살리는 의학적 성취, 예술로 사람들의 마음에 큰 위안을 주는 행위 등을 상징한다.

미국의 젊은 대통령 존 F. 케네디가 남다른 인기를 누린 요소 중에 하나도 그가 죽은 공주를 되살려내는 것 같은 일을 추진했기 때문이다. 달에 유인 우주선을 보내겠다고 발표한 것이 그것이다. 그와 미국인 전체의 꿈이었던 그 계획은 몽상으로 끝나지 않고 실현되어 미국을 오늘과 같은 강대국으로 만드는 데 일조했다.

이런 위대한 성취에는 반드시 금척이 상징하는 꼼꼼함과 정확성, 객관적인 태도가 필요하다. 주먹구구식 접근으로는 절대 불가능하다. 세상을 위해 큰일을 해낸 사람들에게 세상은 반드시 보답한다. 이것이 곧 삶의 근본적인 원리이다.

머슴은 겉으로는 천한 신분이었으나, 죽은 공주를 살려낸 뒤 성공한 지성인으로 변모한다. 이는 세상 모든 이가 자신의 능력을 인정받기 전까지는 머슴처럼 초라해 보일 뿐임을 시사한다. 그가 중국 공주까지 살려 황제의 사위가 되었다는 것은, 더 큰 세계로의 확장과 더 어려운 과업의 완성을 의미한다. 즉, 큰 꿈을 실현하면 그만큼 더 큰 부귀와 명예가 따라온다.

꿈이 없다면
귀한 금척조차 무용지물이 된다

사람들은 머슴이 요행으로 금척을 얻어 그것으로 죽은 공주들을 살려내는 어려운 일을 다시 요행으로 해냈다고 생각한다. 그러나 그것은 순서가 잘못된 생각이다. 머슴은 자신이 꾼 꿈을 말하지 않았다가 감옥에 갇혔는데, 그가 꾼 꿈이 바로 죽은 공주를 살려내고 부귀영화를 누리는 꿈이었다.

그에게는 죽은 공주를 살려내는 것이 상징하는 원대한 꿈이자 확고부동한 목표가 있었다. 금척은 그가 꾼 꿈을 이룸에 있어서 갖추어야 할 수단이자 자질이었을 뿐이다. 그는 자신의 꿈을 이루기 위해 온갖 노력을 하며 절치부심하다가 금척적인 자세를 형성해 지니게 된 것이라 할 수 있다.

머슴이 당초에 죽은 공주를 살려내는 꿈을 꾸지 않았다면, 금척을 열 개 갖고 있었다 해도 아무 소용이 없었다. 큰 꿈이 없는 사람은 방탕하거나 정확하지 않고 대충 살게 되므로 금척적인 자질 형성이 어렵다. 인내심, 투지, 열정, 집중력, 절제력, 시간 관리 등 온갖 미덕도 마찬가지라 할 것이다. 꿈을 품는 것이 그만큼 중요함을 의미한다.

요셉도 마찬가지였다. 부모형제가 그에게 절을 할 정도의 큰 꿈을 꾸지 않았다면 그는 이집트로 갈 수도, 바로 왕 앞에 설 수도 없었다. 그 꿈이 없었다면 하나님도 그에게 나타나지 않고 그를 도와주지 않았을 것이다.

꿈이 있어야 꿈에 도전도 하고, 실현할 수 있는 법이다. 안 된다는 부정적인 마음을 갖거나 힘들고 귀찮아서 꿈을 품지 못하면 아무 일도 일어나지 않는다. 꿈이라는 목표를 향해 생각이 완전히 방향을 틀어야 꿈에 집중하며 실현해 나갈 수 있다. 머슴과 요셉 이야기가 꿈으로 시작되는 이유다.

세상은 죽은 공주를 살려내는 꿈을 꾸는 자와 그렇지 않은 자로 확실하게 구분된다. 꿈은 한 사람의 인격 내에서 중심핵 역할을 한다. 그것이 모든 미덕과 정신적인 요소들을 끌어당기며 질서 있게 정렬시킨다. 큰 꿈이 있는 사람이 그렇지 않은 사람들과 구별될 수밖에 없는 이유다.

이성계의 금척과
조선의 창업

조선을 세운 이성계도 꿈에서 금척을 얻었다는 전설이 있다. 나라를 세운다는 것은 '죽은 공주를 살리는 일'처럼 거의 불가능한 일이었다. 역사 속에서 용맹한 장수들은 수없이 많았다. 그러나 야망과 용기만 앞세워 주먹구구식으로 거사를 추진했다가는 역적으로 몰려 가문이 멸문지화를 당하기 일쑤였다. 실제로 그런 사례는 세계 역사 곳곳에 기록되어 있다.

혁명을 추진하는 과정에서는 언제든 돌발 상황이 생길 수 있고, 누군가의 배신으로 실패할 가능성도 크다. 게다가 기득권을 뒤엎는 일은 달나라에 가는 것만큼 어렵다. 이성계가 성공할 수 있었던 것은 모든 가능성을 세밀하게 살피고, 물샐틈없이 준비한 전략가형 인물이었기 때문이다.

그는 무사다운 용맹함에 더해, 금척이 상징하는 꼼꼼함과 주도면밀함, 정확성과 객관성을 지니고 있었다. 그렇기에 죽은 공주를 살려내는 것에 버금가는 일인 조선 건국이라는 대업을 이룰 수 있었던 것이다.

사람들은 큰 성공을 이룬 이들에게 남다른 비법이나 용기, 강인한 정신만이 있다고 생각하기 쉽다. 물론 큰 꿈에는 용기와 의지가 필요하다. 그러나 진정한 성공은 사람들이 흔히 무시하는 세밀한 계획, 정확한 일 처리, 객관적인 태도가 오랜 세월 축적되어 만들어지는 것이다.

디테일을 지녔던
요셉·머슴·이성계

요셉, 머슴, 이성계, 이 세 인물은 시대와 문화가 달라도 한 가지 공통점이 있었다. 그들은 모두 금척을 손에 쥔 사람들이었다. 즉, 어떤 상황에서도 정확하고 꼼꼼하며 주도면밀하게 일을 처리했다. 그 덕분에 자신들의 분야에서 진정한 전문가로 성장했다.

큰 성공은 운이나 용기만으로 이루어지지 않는다. 그 이면에는 언제나 금척이 상징하는 세밀한 계획, 객관적 판단, 정확한 실행력이 있다. 그래서 신은 디테일에 있다고 한다.

금척의 반대,
어림짐작의 함정

금척적인 사고방식과 정반대되는 것이 주먹구구식, 어림짐작식 사고방식이다. 이는 사물을 통계 자료나 증거, 실측에 기반해 세밀하게 파악하지 않고, 단순히 직관이나 편향된 추측을 사실인 양 따르는 태도다.

심리학자 대니얼 카너먼[5] 은 이 문제를 깊이 연구해 '휴리스틱과 편향(heuristics and biases)'이라는 주제로 미국 과학 저널 사이언스 (Science)에 논문을 발표했다. 사람들이 일상에서 얼마나 자주 어림짐작과 편향에 의존하는지를 밝힌 공로로 그는 노벨경제학상을 수상했다.

머슴이 감옥에서 금척을 얻지 못했다면, 그는 우리나라와 중국의 죽은 공주를 살려낼 수 없었을 것이다. 이는 곧 통계와 증거, 실측에 기반한 디테일한 사고를 갖추지 못하고 어림짐작에 의존한다면, 크고 어렵고 복잡한 일을 결코 해낼 수 없음을 의미한다. 머슴이나 이성계처럼 금척을 손에 쥐고 살아가야 할 이유가 여기에 있다.

어림짐작식 사고만으로는 에디슨의 백열전등도, 스티브 잡스의 스마트폰도 탄생할 수 없었다. 그들도 틀림없이 금척이 상징하는 실측

◇ ◇ ◇

5) 대니얼 카너먼(Daniel Kahneman, 1934~2024): 이스라엘 출신의 미국 심리학자·경제학자. 경제 주체의 의사결정이 반드시 합리적으로 이루어지는 것은 아니라는 '준합리적 경제이론'이라는 새로운 분야를 개척했다. 스미스(Vernon Smith)와 함께 심리학 실험방법을 이용해 기대효용이론을 뛰어넘는 경제학의 새로운 지평을 연 공로로 2002년 노벨경제학상을 공동 수상한 바 있다.

하는 자세, 정확성, 꼼꼼함으로 무장했기에 인류를 바꾼 문명의 이기들을 세상에 내놓을 수 있었다. 현대인들이 어딜 가든 스마트 폰을 들고 다니듯, 매사에 마음속에 금척을 들고 다니며 사용한다면 그들에 버금가는 업적도 이루게 될 것이다.

뒤를 돌아보는 순간,
성공은 무너져 내린다

- 성공 직전에 멈추면 비극의 주인공이 된다

뒤를 돌아봐 죽음에 이른
오르페우스의 비극

금척설화의 머슴은 죽은 공주를 살려냈고, 요셉은 부모와 형제들이 자신에게 절할 만큼 큰 꿈을 이루었다. 이들이 해낸 일은 상식을 넘어서는 불가능에 가까운 일이었다. 그런 위대한 일을 이루려는 사람에게 반드시 필요한 마음가짐이 있다. 바로 한순간도 목표에서 눈을 떼지 않는 자세, 흔들림 없는 집중력이다.

그리스 신화에도 이를 상징적으로 보여주는 이야기가 있다. 리라의 달인, 음악가 오르페우스는 그의 연주로 돌과 나무, 짐승까지 감동시켰다. 그러나 사랑하는 아내 에우리디케가 뱀에 물려 죽자, 그는 그녀를 되찾기 위해 저승으로 내려갔다. 그의 음악에 감동한 저승의 신들은 아내를 데리고 돌아가도 좋다고 허락했지만, 단 한 가지 조건을 내걸었다.

"지상의 빛을 보기 전까지 절대 뒤를 돌아보지 말라."

그러나 오르페우스는 그 경고를 지키지 못했다. 지상에 거의 다다른 순간, 그는 불안과 그리움에 휩싸여 뒤를 돌아보았고, 그 순간 아내는 안개처럼 흩어져 다시는 돌아오지 못했다. 이후 슬픔에 잠긴 그는 술의 신 디오니소스를 따르던 광녀(狂女)들에게 찢겨 죽었다.

오르페우스가 시도한 일은 그 시대의 상식을 뛰어넘은, 죽은 자를 살려내려는 불가능한 도전이었다. 이는 금척설화의 머슴이 공주를 되살린 이야기나, 요셉이 부모형제로부터 절을 받는 이야기와 같은 상징성을 지닌다.

그의 천재적인 음악 재능은 특정 영역에서 비범한 소질을 가진 사람을 상징한다. 이런 사람들은 늘 불가능해 보이는 영역에 도전한다. 예술에서 새로운 경지를 열고, 스포츠에서 기록을 경신하며, 과학과 산업에서 인류의 삶을 바꾸는 발명을 이루는 이들이다.

오늘날 비행기, 스마트 폰, 장기 이식, 암 치료제, 인터넷 등은 이전 시대에는 모두 '죽은 자를 살리는 일'과 같았다. 이 모든 성취는 불가능에 도전한 누군가의 끈기에서 비롯되었다. 그러나 불가능에 도전하는 이들에게 가장 필요한 것은, 끝까지 목표를 지켜내는 의지다. 한순간의 의심이나 흔들림이 모든 것을 무너뜨릴 수 있다. 오르페우스처럼 말이다.

성공 직전의 실패는
인류의 보편적 비극이다

오르페우스는 단 한 번 뒤를 돌아봄으로써, 성공 직전에 모든 것을 잃었다.

그러나 이 이야기는 단지 그의 비극이 아니다. 현대인들 또한 성공 직전에 흔들려 실패한다.

"조금만 더 버티면 될 텐데…" 많은 사람들이 바로 그 마지막 순간을 넘기지 못해 무너진다. 이것은 인류의 역사 속에서 반복되어온 보편적 비극의 패턴이다.

어떤 일을 추진하다 보면 누구나 이런 의심이 찾아온다. "내가 잘하고 있는 걸까? 혹시 헛수고는 아닐까?" 하지만 바로 그때 뒤를 돌아보는 순간, 모든 것이 무너진다. 그렇게 성공 직전에 멈추는 사람은 신도 도울 수가 없다.

마라톤에서도 마찬가지다. 결승점을 눈앞에 두고 숨이 차고 고통이 극에 달할 때, 뒤를 돌아보면 그 순간 발이 멈추고 기록은 무너진다. '뒤돌아본다'는 행위 자체가 목표에서 눈을 떼는 것이다. 특히 아무도 가보지 않은 길을 갈 때, 한순간의 방심은 치명적이다. 끝까지 전진하고 또 전진해야만 한다.

사람들이 포기하는 시점은 언제나 결승점 직전이다. 2~3㎞를 뛰고 멈추는 사람은 없다. 진짜 문제는 거의 다 왔을 때다. 고통과 피로가 극대화되면서 흔들리고, 결국 포기하게 된다. 이것이 성공 직전의 실패가 가장 뼈아픈 이유다.

소설 《삼국지》의 사마의(司馬懿) 제갈량의 두 차례 침공을 막고 진나라 건국의 초석을 세웠다. 그는 뒤를 돌아볼 때 이리처럼 몸은 정면을 향한 채 머리만 돌릴 수 있는 낭고상(狼顧相)이었다고 한다. 이는 목표에서 등을 돌리지 않고도 반성하고 점검할 수 있는 능력을 상징한다. 사마의는 흔들리지 않되 늘 성찰하며 전진했기에 대업을 이룰 수 있었다.

많은 사람들은 오르페우스처럼 거의 성공 직전에서 무너진다. 그 순간 의심이 찾아오고, 마음이 흔들리며, 몸이 돌아간다. 그리고 모든 것이 끝난다. 수십 년의 노력, 의지, 열정, 시간이 한순간에 산산조각난다. 그것이 신화 속 디오니소스의 광녀들이 오르페우스를 찢어 죽인 상징이다. 목표 직전의 흔들림은 결국 자기 파괴의 광기로 이어진다.

뒤를 돌아보지 말라는 것은
배수진을 치라는 명령

오르페우스에게 신이 "뒤를 돌아보지 말라"고 경고한 것은 단순한 금지 명령이 아니었다. 뒤를 돌아본다는 것은 미련과 두려움, 과거의 실패와 불안에 흔들리는 마음 그 자체다. 따라서 그것은 "뒤에는 아무것도 없다. 실패만이 있다. 그러니 오직 앞으로만 가라"는 강력한 메시지였다. 다시 말해 스스로에게 배수진을 치라는 무언의 명령이었다.

현대 사회에서 비행기나 항공모함처럼 고도의 기술이 필요한 장비를 조종하려면 오랜 훈련과 자격이 요구된다. 누구나 다룰 수 없고,

그럴 필요도 없다. 그러나 배수진이라는 심리적 도구만큼은 다르다. 그것은 특정 영웅이나 스타, 지도자만 사용하는 특별한 용기가 아니다.

오히려 우리가 일상에서 어려운 일을 해낼 때마다 반드시 손에 쥐어야 하는 가장 보편적이고 필수적인 정신적 장비다. 망치나 드라이버가 집안 어디서나 쓰이는 기본 도구이듯, 배수진 역시 누구나 인생에서 한 번 이상은 꺼내 써야 하는 내적 도구다.

또한 배수진의 용기는 도전적인 젊은이들에게만 필요한 것도 아니다. 노년에도 죽은 공주를 살리는 것 같은 크고 어려운 일을 해내려는 사람 역시 배수진의 용기가 필요하다.

사람은 목표가 가까워질수록 유혹도 강해지고, 자신을 흔드는 의심도 더 깊어진다. 그때 사람을 앞으로 밀어붙이는 힘은 화려한 재능이나 특별한 능력이 아니다. 뒤를 끊고 돌아갈 길을 스스로 없애는 단호한 결심, 즉 배수진을 친 마음이다.

죽은 사람을 살리는 일은 원래 어렵다

죽은 아내나 공주를 살려내는 일은, 애초에 쉬운 일이 아니다. 만약 오르페우스가 지나야 할 지하 세계의 길이 100미터 남짓이었다면, 그는 노래 한 곡을 부르며 유쾌하게 빠져나왔을 것이다. 그러나 그 길은 수백 킬로미터의 어둠이었다. 죽은 자를 되살리는 일은 인류의 불가능한 마라톤에 비유할 수 있다.

그렇기에 이런 일에 도전하려면 굳센 의지와 유비무환의 자세가 필요하다. 총도 없이 전쟁터에 나서는 자는 패배를 면치 못한다. 오르페우스가 긴 지하 동굴을 걸을 때, 그가 얼마나 불안하고 지쳤을지를 상상해 보라. 좁은 통로, 더딘 진척, 보이지 않는 끝, 그 고통 속에서 인간은 흔들리고, 결국 뒤를 돌아본다.

그러므로 중요한 것은 자신이 하는 일이 원래부터 어려운 일임을 아는 것이다. 죽은 공주를 살려내는 어려운 일을 해내기 위해서는 반대로 내가 죽을 각오까지 하며 최선을 다해야 한다. 그리고 처음부터 고난을 예상하고, 감내할 준비가 되어 있어야 한다. 그래야 도중에 흔들리지 않는다.

오늘날 우리가 당연하게 누리는 수많은 문명의 이기와 혜택은 과거에는 '죽은 자를 살리는 일'이었다. 누군가는 그 불가능에 도전했고, 끝까지 뒤돌아보지 않았다. 그 결과 인류는 불가능을 가능으로 바꾸었다.

죽은 아내나 공주를 살려내고 싶은 욕구, 인류의 가장 강력한 본능

죽은 공주처럼 어떤 사람을 되살려내려는 일은 인류의 가장 강력한 본능 중에 하나다. 그 일에 성공한 사람에게는 필연적으로 부귀영화가 따르기 때문이다. 그래서 전 세계에서 수많은 사람들이 오늘도 그 일에 적극 나서고 있다. 일부는 오르페우스처럼 성공 직전에 뒤를 돌아봐서 물거품이 되기도 하고 일부는 참고 견뎌내서 성공을 거둔다.

그러나 대부분의 사람들은 자신이 그 일에 직접 나서지 않고 대리 만족을 통해 이를 실행한다. 그래서 축구나 야구 선수가 위기에 처한 팀이나 나라를 구하는 역전 골, 역전 타를 날리게 되면 뜨거운 마음으로 환호성을 지른다. 유명 정치인, 인기가수, 연기자들의 강연, 열창, 열연을 보고 감동하거나 환호하는 경우도 마찬가지다.

스타나 영웅들은 자신만의 영역에서 세상을 위해 죽은 공주를 살려내는 일에 버금가는 일을 하고 있으며 그에 걸맞는 부귀영화도 누린다. 그런 사람들에게 열광하는 현상을 솔직히 말하면, 나도 죽은 공주를 살려내는 일을 직접 하고 싶다는 본능적인 열망의 투사다.

인생을 대리만족으로만 살 수는 없다. 우리의 본능이 금척설화 머슴, 요셉, 오르페우스처럼 죽은 공주나 아내를 살려낼 정도의 큰일을 하고 싶어 한다. 그런 강렬한 열정, 내면의 후원자가 있음을 안다면 직접 그 일에 나서서 뒤를 돌아보지 않으면 된다.

죽은 공주는 마법처럼
하루아침에 깨어나지 않는다

마라톤 선수는 단 한 걸음으로 결승점에 도달하지 않는다. 그는 오직 1미터, 또 1미터를 전진함으로써 42.195킬로미터라는 긴 여정을 완성한다. 누군가 보기에는 지루하고 느린 과정 같지만, 결승선의 환호는 바로 그 미세한 누적의 결과다. 요셉의 플러스적 삶이란 바로 이런 것이다. 하루의 작은 더하기가 쌓여, 어느 순간 거대한 변화로 되돌아온다.

세상에는 한순간의 '기적'으로 보이는 일들이 많다. 죽은 공주가 깨어나는 동화처럼, 절망이 단숨에 희망으로 바뀌는 장면들이 있다. 그러나 현실의 기적은 대부분 한 걸음의 누적에서 비롯된다.

겉보기엔 어느 날 갑자기 이루어진 것처럼 보이지만, 그 이면에는 무수한 작은 전진들이 있다. 공주는 어느 날 갑자기 살아난 것이 아니라, 누군가의 끈기와 믿음, 그리고 매일의 플러스가 그 생명을 서서히 되살리고 있었던 것이다.

인류의 모든 진보 역시 같은 원리로 이루어졌다. 전구를 발명한 에디슨은 수천 번의 실패 끝에 불을 밝혔다. 그의 손끝에서 빛이 탄생한 순간은 마치 마법 같았지만, 그 빛은 단 한 번의 발명에서 태어난 것이 아니었다. 매일의 실험, 매일의 시도, 그리고 포기하지 않는 한 걸음이 시간 속에서 누적되어 탄생한 결과였다.

과학자 다윈이 『종의 기원』을 발표하기까지도 20년이 걸렸다. 그의 '진화론'은 한순간의 번뜩임이 아니라, 수많은 관찰과 기록, 사유의 플러스가 쌓인 결정체였다.

오늘날 우리가 당연하게 누리는 모든 문명 또한 그런 작은 걸음들의 복리(複利) 위에 세워져 있다. 한 걸음의 힘은 눈에 잘 보이지 않는다. 오늘의 1미터는 미미하고, 내일의 1미터도 사소하다. 그러나 그 둘이 합쳐지고, 시간과 함께 쌓이면 결국 42.195킬로미터의 결승선에 도달하게 된다.

이것이 작은 플러스가 만든 마법의 공식이다. 요셉의 인생 또한 그 원리를 증명한다. 그는 감옥에서도 희망을 잃지 않고 꿈을 해석했다. 그 작은 행위들이 모여, 결국 왕의 신뢰를 얻고 이집트의 국무총리라는 결승선에 도달했다. 그의 성공은 단숨에 이루어진 기적이 아니라, 작은 더하기의 연속이 만들어낸 누적의 승리였다.

삶의 모든 진보는 한 걸음에서 시작된다. 거대한 변화는 결코 갑자기 오지 않는다. 플러스적 사고란, 오늘의 미미한 전진이 결국 내일의 마법이 된다는 믿음이다.

기적은 기다림이 아니라 누적에서 태어난다. 그리고 그 누적의 끝에, 죽은 공주가 눈을 뜨고, 인간이 빛을 발견하며, 한 인간이 자신의 결승선에 도달하는 것이다. 인류를 위한 귀하고 위대한 일, 죽은 공주를 되살리는 일은 그렇게 달성되도록 운명지어져 있다.

비극의 주인공 오르페우스는 지성인이었다

그리스의 레이베트라 지역에는 오르페우스의 무덤이 있다고 전해진다. 그곳의 꾀꼬리 소리는 다른 지역에 비해 유난히 아름답다고 한다. 사람들은 그것을 오르페우스의 음악이 남긴 여운이라 말한다.

그는 예술적 천재, 탁월한 지성인이었다. 그러나 천재성만으로는 세상을 바꿀 수 없다. 그에게 부족했던 것은 끝까지 버티는 끈기와 인내심이었다.

그의 무덤이 있는 레이베트라(Leibethra)는 '물이 흐르다, 방울져 떨어지다'는 뜻이다. 그의 인생은 슬픔이 강물처럼 흐르고, 눈물이 폭포수처럼 떨어지는 가운데 비극으로 끝났음을 상징한다.

죽은 자를 되살리려는 시도는 단순 노동자가 아니라, 지적이고 창조적인 계층, 즉 지성인들의 과제였다. 오르페우스의 비극은 그래서 더욱 깊은 울림을 준다. 만약 세상이 오르페우스처럼 불행한 지성인으로만 가득했다면, 인류는 여전히 들판에서 수렵과 채집을 하고 있을 것이다.

그러나 뒤돌아보지 않은 오르페우스들, 즉 끝까지 나아간 도전자들이 있었기에 문명은 발전했다. 오늘 우리가 누리는 모든 편리함은 그들의 집념과 끈기의 결실이다.

비극에서 배우는
진정한 가치

성서의 에서는 장자의 권리를 팥죽 한 그릇에 팔아 축복을 잃었다. 힘센 삼손은 천 명의 적을 무찌른 영웅이었지만, 데릴라의 유혹에 넘어가 힘을 잃었다. 고대 그리스에서도 오이디푸스, 메데이아, 파에톤 등 수많은 비극이 탄생했다.

비극은 인간의 한계와 교만, 그리고 순간의 방심이 낳은 결과였다. 비극의 진정한 가치는 단호한 경고에 있다. "그들처럼 행동하지 말라." 그렇지 않으면 당신도 그들과 같은 결말을 맞게 된다.

우리는 어릴 때 "뱀을 조심해라", "차를 조심해라"는 경고는 듣지만, "오르페우스처럼 되지 말라"는 말은 듣지 않는다. 그러나 바로 그것이 현대 사회의 비극이다. 비극은 거울이다. 그 거울 속에서 자신을 경계할 줄 아는 사람만이, 비극의 주인공이 되지 않는다.

심리학의 '손실회피 이론'에 따르면, 사람은 같은 크기의 이익보다 손실에서 약 2.5배 더 큰 고통을 느낀다. 비극이 희극보다 더 강렬하고 오래 남는 이유다.

그래서 성공을 원한다면 결코 뒤를 돌아보지 말아야 한다. 투자자 앙드레 코스톨라니는 이런 인간 심리를 꿰뚫었다. 그는 말했다. "우량주를 매수했다면, 돌아오는 길에 약국에 들러 수면제를 사 먹고 몇 년간 잊어버려라."

주식을 자꾸 들여다보면 마음이 흔들리고 결국 팔아버린다. 성공적인 장기투자는 오르페우스의 저승길처럼 끝까지 뒤돌아보지 않는 인내심과 배수진이 필요하다. 그것이 손실을 피하는 지혜다.

오르페우스 비극의 교훈을 일상에 적용하기

우리가 오르페우스의 비극을 삶에 적용한다면, 뒤돌아봄으로 인한 수많은 실패를 예방할 수 있다. 거대한 목표가 아니더라도, 일상에서 세운 크고 작은 목표들을 끝까지 완수할 가능성이 훨씬 높아질 것이다.

당신의 '죽은 공주를 살려내는 일'은 무엇인가?

- 몇 년간 저축해 1억 이상 모으기
- 마라톤 풀코스 완주
- 책 집필

- 외국어 습득
- 창업 성공
- 시험 합격
- 체중 감량
- 암 극복하기

이 모든 목표는 '죽은 공주를 살려내는 일'처럼 어렵다. 그래서 도중에 지치고, 뒤돌아보고 싶은 순간이 반드시 온다. 그럴 때마다 오르페우스를 떠올려야 한다. "지금 내가 포기하면, 모든 것이 안개처럼 사라질 것이다."

성공 직전인 목표에 가까워질수록 고통은 커진다. 그러나 그 순간 뒤돌아보지 않고 전진하면, 자신이 바로 불가능을 가능으로 바꾸는 인간임을 체험하게 된다.

성서 속 요셉도 그랬다. 감옥에 갇혀 절망 속에 있었지만, 그는 결코 뒤돌아보지 않았다. 그는 자신의 이름처럼 "더할 것(요셉)"이라는 신념을 지켰고, 끝내 비극이 아닌 희극과 성공의 주인공이 되었다.

오르페우스가 전하는 마지막 경고

나, 비극의 주인공 오르페우스가 인간들에게 전한다.
죽은 아내를 살리는 일 같은 위대한 도전을 한다면,
결코 단 한 번도 뒤를 돌아보지 말라.

불가능한 일을 허락받았을 때, 사람들은 환호하며 기뻐할 것이다.

그러나 그 기쁨에 취해 신의 경고를 잊지 말라.

길은 길고, 고통은 깊으며, 의심은 끊임없이 찾아온다.

그래도 목표에서 눈을 떼지 않는다면,

결국 성취의 빛에 다다를 것이다.

나는 그 순간을 이기지 못해 뒤를 돌아보았다.

사랑하는 아내를 잃었고, 나의 삶은 무너졌다.

인간은 이리처럼 몸을 돌리지 않고 뒤를 볼 수 있는 존재가 아니다.

한번 뒤돌아보면 목표에서 등을 돌리게 된다.

그 순간 인간은 나처럼 비극의 주인공이 된다.

수많은 천재들이 왜 짧은 생을 마쳤는가?

묻지 말라. 그들 또한 죽은 공주를 살리려 했지만,

끝내 뒤를 돌아봤기 때문이다.

신과 벗할 수 없는 인간이라면,

결코 뒤를 돌아보지 말라.

이것이 비극의 왕 오르페우스가

만고의 세월을 넘어 전하는 마지막 경고다.

스스로
기회 만들기

- 기회는 오지 않는다. 만들어내는 자만이 그것을 잡는다

실력만으로는
부족하다

세상에는 실력 있는 사람들이 무수히 많다. 그러나 실력만으로 성공하는 사람은 드물다. 아무리 뛰어난 능력을 지녔더라도 세상에 나서지 않으면 아무도 알아주지 않는다. 세상이 인정할 때 비로소 실력도 빛을 발한다.

삼국지의 제갈량(諸葛亮)을 떠올려 보자. 그는 병법에 뛰어났지만, 유비가 세 번이나 찾아가 모셔오기 전까지는 초야에 묻혀 있었다. 능력이 있어도 기회를 얻지 못하면 무용지물이다. 유비가 자리를 마련해 주었기에 제갈량의 실력이 세상에 드러날 수 있었다.

국어사전에 '체엄(滯淹)'이라는 단어가 있다. "막혀서 오래 머문다"는 뜻으로, 뛰어난 인물이 세상에 드러나지 못한 상태를 가리킨다.

제갈량이 유비를 만나기 전까지가 바로 체험의 상태였고, 요셉 역시 감옥에 갇혀 있으면서 실력을 발휘하지 못한 체험의 시간을 보냈다.

오늘날에도 비슷한 사람들이 많다. 정치적 역량은 있으나 정계 진출의 길이 막힌 사람, 노래 실력은 뛰어나지만 무대에 설 수 없는 사람, 운동 능력은 탁월하지만 기회를 잡지 못한 사람들. 원하는 길이 막혀 있다면 그것은 감옥에 갇힌 것과 다름없다. 그 좌절감은 누구에게나 큰 고통을 준다.

요셉, 스스로 기회를 만든 사람

요셉 역시 그런 상황에 있었다. 그는 감옥에서 이집트 왕의 술 관원장을 만났다. 관원장이 곤경에 처했을 때, 요셉은 문제의 해법을 제시하며 도와주었다. 이를 계기로 두 사람은 가까워졌고, 성경은 이를 "요셉이 꿈을 해석해 주었다"고 기록한다.

이후 관원장은 복직했다. 그때 요셉은 간곡히 부탁했다. "당신이 잘되시거든 나를 기억하고 내 사정을 바로에게 아뢰어, 이 집에서 나를 건져 주소서(창세기 40장 14절)."

여기서 '사정을 아뢰다'는 단어의 의미가 매우 중요하다. 요셉이 사용한 히브리어 '자카르(zakar)'는 '기억하다', '언급하다', '고려하다'라는 뜻을 가진다. 즉, 왕 앞에서 자신의 이름을 언급해 달라는 부탁이었다.

그것은 단순한 하소연이 아니라, 자신의 실력에 맞는 일을 맡고 싶다는 의지의 표현이었다. 요셉은 감나무 아래 누워 홍시가 떨어지길 기다리는 사람이 아니었다. 그는 실력을 갖추는 동시에 기회를 스스로 만들어 나가는 적극적인 인물이었다.

그의 태도는 결국 그를 이집트의 국무총리 자리까지 이끌었다. 고대 이집트에서 국무총리가 된다는 것은 아무나 할 수 있는 일이 아니었다. 요셉은 신의 은총만으로 우연히 성공한 인물이 아니었다. 그는 실제로 자질과 역량을 갖춘 지도자였다. 만약 실력 없는 사람이 그 자리에 올랐다면, 그 자리는 누구나 차지할 수 있는 흔한 자리에 불과했을 것이다.

요셉이 술 관원장에게 부탁하지 않았다면, 이집트 왕은 그의 존재조차 몰랐을 것이다. 그는 감옥에서 신세를 한탄하며 평생을 보냈을지도 모른다. 그러나 요셉은 기회를 기다리지 않았다. 그는 자신을 세상에 드러내기 위해 직접 문을 두드렸다. 그의 이름, 요셉('더할 것')처럼, 그는 날마다 성장하고 더 나은 자신이 되려는 마음을 잃지 않았다.

큰일에는
큰 인물이 필요하다

이집트 왕이 꾼 꿈은 나라의 존망이 걸린 중대한 사건이었다. 7년의 풍년과 그 뒤를 이은 7년의 흉년, 이는 단순한 예언이 아니라, 국가의 근간을 뒤흔들 대재앙의 신호였다.

그런 문제를 해결하려면, 탁월한 실력과 통찰을 갖춘 인물이 필요했다. 그러나 왕의 주변에는 그런 사람이 없었다. "애굽의 마술사와 현명한 사람을 모두 불렀으나, 아무도 왕의 꿈을 해석하지 못했다." 성경의 기록이다.

그때 술 관원장이 비로소 요셉을 기억해냈다. 요셉이 부탁한 지 2년이 지난 후였다. 아무리 실력이 있어도, 왕의 눈에 띄지 않으면 중앙의 요직에 오르기는 쉽지 않다. 그래서 요셉은 왕 곁의 사람에게 자신을 언급해 달라고 부탁했던 것이다.

하지만 부탁했다고 곧바로 기회가 오는 것은 아니다. 빈자리가 생기거나, 위기가 닥쳐야 새로운 인물이 필요해진다. 요셉이 2년을 더 기다린 이유가 여기에 있었다.

마침내 왕의 괴상한 꿈이 현실화되고, 나라가 위기에 처했을 때, 그제서야 요셉의 차례가 온 것이다. 큰일을 맡을 자리는, 큰 인물에게 돌아간다. 성경에 따르면 요셉이 왕 앞에 섰을 때 나이는 30세였다. 그 나이는 실력과 열정이 가장 조화를 이루는 시기다. 요셉은 그 나이에 세상의 중심, 곧 왕궁에 들어가 국가의 위기를 해결하는 인물로 발탁되었다.

역사는 이와 비슷한 순간을 기억한다. 석유왕 록펠러도 30세에 스탠더드 오일을 세워 세계의 중심으로 도약했다. 요셉이 이집트 왕궁에 들어가 국사를 해결한 것처럼, 금척설화의 머슴도 궁궐에 들어가 죽은 공주를 살려냈다. 세상의 중심에서 큰일을 해내는 사람에게는 부귀와 영화가 자연스럽게 뒤따른다.

'히브리인'이라는
이름의 자부심

요셉은 관원장에게 부탁할 때 이렇게 말했다. "나는 히브리 사람들의 땅에서 끌려온 자요, 여기서도 옥에 갇힐 일을 하지 않았다." 그 당시 히브리 사람들은 아직 국가도 없고, 족장 중심으로 살아가는 소규모 부족 사회였다. 이집트인 앞에서 자신이 히브리인임을 밝히는 것은 자신의 약점을 드러내는 일에 가까웠다. 그럼에도 요셉은 당당히 말했다.

'히브리(Hebrew)'는 "강을 건넌 자"라는 뜻이다. 이스라엘의 조상 아브라함이 유프라테스를 건너 가나안으로 이주한 데서 비롯된 이름이다. 즉, 새로운 세계로 건너간 사람, 도전과 개척 정신을 상징하는 말이다.

요셉이 자신을 히브리인이라 밝힌 것은 자신이 단순한 포로가 아니라, 새로운 세상을 향해 나아가는 도전자의 정신을 지녔다는 선언이었다. 그는 세상을 자기 것으로 만들려는 포부를 지닌 사람이었다. 그의 눈빛은 강렬했고, 어떤 일이든 맡기면 명예와 생명을 걸고 끝까지 완수할 사람이었다.

"나는 옥에 갇힐 일을 하지 않았다." 이 말에는 억울함뿐 아니라, "나는 죄인이 아니라 지도자다"라는 자존심이 담겨 있다. 요셉은 자신이 초야에서 썩고 말 인물이 아니라는 확신을 가지고 있었다. 그 자신감이 곧 실력을 증명하는 근본 에너지였다.

더할 것의
정신

요셉은 감옥이라는 현실에 안주하지 않았다. 그는 언제나 '더할 것', 즉 성장하려는 마음을 품고 있었다. 그의 이름이 곧 그의 삶이었다. '더할 것'의 정신은 기적을 기다리는 마음이 아니다. 작은 도토리가 비바람을 견디며 조금씩 자라 큰 나무가 되듯, 매일 조금씩 성장해 나가는 힘이다.

요셉의 긍정적인 태도, 인내심, 용기, 투지, 열정, 집중력과 근면함은 모두 이 마음가짐에서 비롯되었다. 이 정신은 시대를 넘어 모든 사람에게 통한다.

지금은 무명의 감옥 같은 현실에 있더라도, 실력만큼은 누구에게도 뒤지지 않는다면 자신감과 투지를 가지고 기회를 만들어야 한다. 세상은 기다리는 자가 아니라, 행동하는 자의 편이다.

'더할 것'의 마음을 가진 사람은 하루하루를 헛되이 보내지 않는다. 마술 같은 행운을 바라기보다, 성실히, 꾸준히, 한 걸음씩 나아간다. 그렇게 쌓은 시간은 반드시 결실로 돌아온다. 언젠가 요셉처럼, 세상의 중심 무대에서 자신이 갈고닦은 실력을 빛낼 날이 온다.

실력은 준비로 완성되고, 기회는 행동으로 얻어진다. 요셉은 감옥에서도 기회를 기다리지 않고 직접 문을 두드렸다. 그는 자신의 실력과 도전 정신으로 세상의 중심으로 나아갔다. '더할 것'의 정신은 오늘을 살아가는 모든 이에게 필요한 마음가짐이다.

바로의 꿈, 요셉의 부,
그리고 인간의 욕망

- 꿈은 신의 언어이고, 해석은 인간의 몫이다

바로 왕이 꾼
이상한 두 꿈

요셉이 감옥에 갇혀 있던 어느 날, 이집트 왕 바로가 연이어 이상한 꿈을 꾸었다. 첫 번째 꿈에서 그는 나일 강가에 서 있었다. 그때 아름답고 살진 암소 일곱 마리가 강에서 올라와 풀을 뜯어먹었다. 그런데 곧이어 흉하고 마른 암소 일곱 마리가 나타나, 앞의 살진 암소들을 잡아먹었다. 그러나 그 흉한 암소들은 살이 찌지도 않고 여전히 보기 흉했다.

바로는 깨어났다가 다시 잠이 들었고, 두 번째 꿈을 꾸었다. 이번에는 한 줄기에 무성하고 알찬 이삭 일곱 개가 자랐는데, 그 뒤에 사막의 뜨거운 바람에 말라버린 쭉정이 이삭 일곱 개가 나타나 알찬 이삭들을 삼켜 버렸다.

바로는 꿈을 꾸고 난 뒤 마음이 심란해졌다. 나라의 마술사와 현인들을 불러 꿈 이야기를 들려주었지만, 아무도 그 의미를 해석하지 못했다. 그때 왕에게 술을 올리던 관원장이 감옥에 있던 요셉을 떠올려 왕에게 아뢰었다. 그렇게 요셉은 감옥에서 풀려나 왕 앞에 서게 되었다.

왕이 꿈을 해석해 보라고 하자 요셉은 말했다. "제가 해석하는 것이 아니라, 하나님께서 왕께 뜻을 알리시는 것입니다." 그는 왕의 두 꿈을 이렇게 해석했다.

"살진 암소 일곱 마리와 알찬 이삭 일곱 개는 7년의 풍년을 뜻합니다. 그러나 그 뒤에 나온 흉한 암소와 말라버린 이삭 일곱 개는 7년의 흉년을 가리킵니다. 이집트에는 앞으로 7년 동안 큰 풍년이 있겠지만, 그 뒤 7년 동안 극심한 기근이 찾아올 것입니다. 흉년이 너무 심해 풍년의 기억조차 사라질 것입니다. 왕께서 같은 꿈을 두 번이나 꾸신 것은, 하나님께서 이미 이 일을 정하시고 곧 실행하실 것을 의미합니다."

그러므로 왕께서는 총명하고 지혜로운 사람을 세워 나라의 일을 맡기셔야 합니다. 풍년의 7년 동안 곡식의 5분의 1을 걷어 각 성의 창고에 비축하십시오. 그래야 흉년이 와도 백성이 굶주려 죽지 않을 것입니다."

요셉의 해석과 제안은 왕과 신하들에게 깊은 인상을 주었다. 결국 왕은 그를 국무총리로 임명했다. 요셉은 단순히 꿈을 해석한 사람이 아니라, 다가올 국가 위기를 해결할 구체적 대안을 제시한 지혜로운 지도자였다.

실력으로 최고의
순간을 만든 요셉

이집트 궁궐은 당시 세계 문명의 중심이었다. 그곳에서 요셉은 왕 앞에 단 한 사람의 죄수 신분으로 서 있었다. 그러나 바로는 그 자리에서 요셉의 지혜와 품격, 그리고 문제 해결 능력을 알아보았다.

왕이 "네가 꿈을 잘 해석한다고 들었다"고 하자, 요셉은 "저는 할 수 없지만, 왕께서 원하시는 답을 하나님께서 주실 것입니다"라고 대답했다. 겸손한 말처럼 들리지만, 그 속에는 신의 뜻을 해석할 만큼 깊은 통찰을 지녔다는 자신감이 깃들어 있었다.

요셉은 하루아침에 그런 지혜를 얻은 것이 아니었다. 오랜 세월의 시련 속에서 자신을 단련했고, '더할 것'이라는 이름처럼 매일 성장하며 실력을 갈고닦았다. 그에게 성공은 운이 아닌 결과였다.

만약 모든 것을 신이 대신해 주었다면, 그의 이야기는 감동이 아니라 단순한 행운담에 불과했을 것이다. 진정한 감동은 요셉이 끝없는 노력과 인내로 스스로 길을 개척했기에 생겨난다.

요셉은 그 실력으로 왕 앞에서 단 한 치의 흔들림 없이 꿈을 해석했다. 만약 그의 해석이 조금이라도 틀렸다면 그는 기만죄로 처형당했을 것이다. 그러나 그는 위험 앞에서도 자신감 있게 말했고, 바로 그 실력으로 세상에 이름을 알렸다. 요셉은 마침내 세상을 구한 해결사이자, 실력으로 최고 자리에 오른 인물이 되었다.

부귀영화를
얻다

바로는 요셉에게 말했다. "너만큼 총명하고 지혜로운 사람은 없다. 이제 네가 나의 나라를 다스리라. 내 백성은 모두 네 명령에 복종할 것이다. 내가 너보다 높은 것은 이 왕좌뿐이다."

그는 왕의 인장 반지를 빼어 요셉의 손에 끼워주고, 고운 옷과 금목걸이를 걸어 주었다. 그리고 왕의 수레 다음가는 귀한 수레에 태워 백성들에게 "엎드려라!" 외치며 경배하게 했다. 요셉은 이집트의 인사와 재정을 총괄하는 최고 권력자가 되었다. 그가 마침내 부(富), 귀(貴), 영(榮), 화(華)를 누리게 되었음을 상징적으로 보여준다.

그의 부와 명예는 누구도 감히 넘볼 수 없었다. 그가 이런 자리에 오를 수 있었던 이유는 '더할 것'이라는 이름 그대로, 끊임없이 성장하고자 하는 자세였다. 그는 고난 앞에서도 멈추지 않았고, 실력을 더해 가며 자신을 완성해 나갔다. 요셉의 부귀영화는 신의 기적이 아니라, 인간이 가진 끝없는 성장의 가능성이 낳은 결과였다.

구체적인 꿈과
목표의 실현

요셉은 17세 소년 시절부터 부모와 형제들이 자신에게 절하는 꿈을 꾸었다. 그 꿈은 단순한 환상이 아니라, 세상에서 가장 높은 자리로 가겠다는 구체적인 목표였다.

성공에는 반드시 구체적인 계획과 준비가 따른다. "준비 없이 살다 보니 어느 날 갑자기 성공했다"는 말은 허황된 신화일 뿐이다. 요셉은 자신의 꿈을 노골적으로 떠들지 않았다. 하지만 마음속에는 이미 '이집트 왕에 버금가는 권력과 부를 얻겠다'는 목표가 자리하고 있었다.

그래서 그는 시련 속에서도 무너지지 않았고, 기회가 왔을 때 한 치의 망설임 없이 잡았다. 실력이 뒷받침된 목표는 요행보다 강하다. 요셉의 성공은 운이 아니라 준비된 자의 필연이었다.

곡물로 부를 창조한
전략가 요셉

요셉의 진정한 탁월함은 풍년과 흉년을 경제적 기회로 바꾼 데 있었다. 풍년이 이어지면 곡식이 넘쳐나 가격은 폭락하고, 흉년이 오면 공급이 급감해 가격은 폭등한다. 요셉은 이 자연의 순환 속에서 부의 원리를 발견했다.

그는 풍년의 7년 동안 헐값에 곡식을 사들여 성마다 저장했다. 그리고 흉년이 닥치자 창고를 열어 고가에 곡식을 팔았다. 결국 그는 시세차익으로 엄청난 부를 축적했다.

이것은 불법적인 착취가 아니라, 경제의 수요와 공급 원리를 꿰뚫은 탁월한 경영 전략이었다. 요셉은 단순한 행정가가 아닌, 이집트 최초의 경제 전문가이자 시장 독점 전략가였다. 그는 국가를 구하면서 동시에 이집트의 모든 부를 손에 넣었다.

근심 없는 재물,
그리고 끝없는 욕망

요셉은 부귀영화를 누리던 시절, 아내 아스낫과의 사이에서 두 아들을 두었다. 그는 장남을 므낫세라 이름 짓고 "하나님께서 나의 근심을 잊게 하셨다"고 말했다. 므낫세는 근심 없는 삶, 즉 안정된 재물의 상징이었다.

둘째 아들의 이름은 에브라임, 뜻은 '두 배의 열매'였다. 그것은 단순히 근심 없는 삶이 아니라, 재물이 재물을 낳는 번영의 상태를 의미했다.

훗날 할아버지 야곱이 두 손자를 축복할 때 장남보다 차남 에브라임에게 오른손의 축복을 내렸다. 이는 단순한 순서의 문제가 아니라, 인간의 끝없는 욕망을 상징한다. 단순하게 근심이 없는 삶보다 더 풍요롭고, 더 많은 것을 가지려는 마음, 그것이 인간 본성의 그림자다. 젊었을 때 록펠러처럼 야곱조차 이 욕망을 넘어서지 못했다.

오늘날에도 사람들은 '충분히 가진 상태'에서도 멈추지 못한다. 돈은 단순한 도구가 아니라, 권력과 지위, 자기 존재를 확인하는 수단이 되어버렸다. 결국 더 많이 모으려는 집착이 사람을 삶의 주인에서 돈의 노예로 만든다.

진정한 부는 늘어나는 숫자 속에 있는 것이 아니다. 이미 가진 것에 만족할 줄 아는 마음, 그곳에 진정한 풍요가 있다. 풍요 속의 빈곤, 그것이 요셉 이야기의 마지막 경고다.

요셉은 세상을 구한 영웅이었고, 부의 전략가였으며, 동시에 인간 욕망의 본질을 드러낸 거울이었다. 그의 삶은 이렇게 말한다. "실력은 기회를 부르고, 기회는 부를 낳으며, 부는 인간의 본성을 시험한다." 요셉 이야기는 고대의 전설이 아니라, 오늘날에도 여전히 유효한 지혜와 욕망의 서사시이다.

인류발전은
소년들의 꿈의 총합이다

- 세상은 어른의 계산이 아니라, 소년의 꿈으로 전진한다

소년들의 꿈을
무시하지 말라

　요셉 이야기의 상당 부분은 사춘기 시절 원대한 꿈을 꾼 소년을 억압하고 비웃었던 형들의 잘못을 깨닫게 하는 데 있다. 요셉은 어린 나이에 "부모와 형제가 자신에게 절할 만큼 큰 인물이 되겠다"는 꿈을 꾸었고, 결국 그 꿈을 현실로 증명했다. 반대로 그 꿈을 비웃고 방해했던 형들은 자신의 판단이 틀렸음을 인정하게 된다.

　형들의 시기와 방해에도 불구하고 요셉은 성공했다. 그러나 이 이야기가 주는 교훈은 개인의 복수나 감정에 있지 않다. 요셉 이야기는 모든 사춘기 청소년에게 주는 메시지다. 소년의 꿈은 억눌러서는 안 된다. 청소년이 자유로운 분위기 속에서 마음껏 꿈꾸고 노력할 수 있는 환경을 만들어 주는 것이 어른의 책임이다.

작은 도토리가 거대한 참나무로 성장하듯, 아이들 역시 꿈의 크기에 비례해 성장한다. 꿈은 후천성 DNA라 부를 수 있을 정도로 강력하다. 꿈이 없는 아이는 사회적으로도 작게 머물지만, 큰 꿈을 꾸는 아이는 결국 큰 사람으로 자라 사회에 기여하며 그에 합당한 보상도 누린다.

물론 모든 꿈이 실현되는 것은 아니다. 그러나 꿈이 없는 성장에는 발전도 없다. 따라서 어린 시절 마음껏 꿈꿀 수 있는 토양을 만들어 주는 일이 무엇보다 중요하다.

요셉의 형들은 바로 이 지점에서 실수를 했다. 요셉이 "형제와 부모가 자신에게 절할 것"이라 말했을 때, 그들은 그를 몽상가로 비웃으며 꿈을 접으라 강요했다. 훗날 흉년이 들어 형들이 곡식을 구하러 이집트로 갔을 때, 요셉은 자신이 당했던 억울함을 그들에게 깨닫게 했다. 그것은 단순한 복수가 아니라, "사춘기 소년의 큰 꿈을 얕잡아본 일이 얼마나 큰 잘못인가"를 일깨우기 위한 행동이었다.

요셉의 꿈은 세상에서 가장 큰 부자가 되고, 이집트 국무총리에 오르는 것이었다. 왕위가 세습이 아닌 경쟁으로 주어진다면, 그는 분명 왕의 자리까지 꿈꿨을 것이다. 당시 사람들 눈에는 허황된 꿈처럼 보였겠지만, 요셉은 끝내 그것을 이뤘다. 형들은 더 이상 비난할 수 없었고, 결국 자신들의 잘못을 인정하며 화해했다. 이 이야기는 "소년의 꿈을 무시하거나 억누르지 말라"는 인류 보편의 교훈을 전한다.

성공했음에도 부모와 형제를
먼저 찾지 않은 요셉

요셉은 이집트에서 바로 왕 다음가는 제2인자, 곧 국무총리 자리까지 올랐다. 오늘날로 치면 가난한 나라에서 태어난 한 청년이 선진국으로 건너가 최고 행정 책임자에 오른 셈이다. 이제 고향의 가족을 찾아볼 만도 했지만, 그는 20여 년 동안 단 한 번도 아버지와 형제에게 연락하지 않았다.

그의 권한이라면 부하 몇 명을 보내 소식을 알아보는 일쯤은 쉬웠다. 그러나 요셉은 그렇게 하지 않았다. 오히려 운명의 재회는 흉년이 들어 형들이 식량을 구하러 이집트에 내려왔을 때, 전혀 뜻밖의 방식으로 이루어졌다.

20여 년 만에 만난 형제들을
간첩으로 몰아붙인 요셉

7년의 대기근이 이집트뿐 아니라 가나안 땅까지 덮쳤다. 형들은 곡식을 구하기 위해 이집트로 내려왔고, 곡식을 파는 자는 바로 요셉이었다. 20여 년 만의 극적인 재회였다.

성서의 묘사는 상징적이다. 국무총리가 직접 곡식을 판다는 것은 현실적으로 불가능한 일이지만, 이는 단순한 이야기 이상의 메시지를 담고 있다. 그것은 '꿈을 무시당한 소년이 세상의 주체로 선 자'라는 상징이다.

형들은 요셉을 알아보지 못했지만, 요셉은 한눈에 그들을 알아보았다. 그는 자신이 17세에 꾸었던 꿈을 떠올리고 형제들에게 "너희는 간첩으로 이 땅의 허술한 곳을 살피러 왔다"고 말했다.

과거 그가 "형제들이 자신에게 절할 것"이라 했을 때 형들은 비웃었다. "송충이는 솔잎을 먹어야지"라며 현실을 강요했다. 그러나 이제 그 현실은 뒤집혔다.

고향에서 몽상가로 취급받던 요셉은 30세에 국무총리에 올라 자신의 꿈을 실현했다. 형제들이 불가능하다고 했던 일을 그는 가능으로 만들었다. 이제 그는 그들의 오만과 조롱을 되돌려주며, '억눌린 꿈이 결국 현실을 바꾼다'는 사실을 증명했다.

베냐민을 통해 드러난 형제들의 진심

요셉은 형들을 간첩으로 몰아붙이며, 막냇동생 베냐민을 데려오라 명령했다. 형들이 가나안으로 돌아가 이를 아버지 야곱에게 전했을 때, 야곱은 처음에는 단호히 반대했다. 그러나 기근이 계속되자 결국 베냐민을 보내기로 결심했다.

베냐민이 이집트에 도착하자 요셉은 형제들을 따뜻하게 맞이했다. 하지만 그는 은잔을 베냐민의 자루에 몰래 숨겨 그를 죄인으로 만들었다. 형들이 절망에 빠졌을 때, 유다가 나서서 자신의 목숨을 담보로 베냐민을 대신해 종이 되겠다고 간청했다.

그 순간 요셉은 형제들의 진심을 확인했다. 그리고 더 이상 감정을 억누르지 못하고, 시종들을 물러나게 한 뒤 자신의 정체를 밝혔다. 그의 울음소리는 왕궁까지 들릴 만큼 컸다고 한다.

자신의 시련이
신의 뜻이었음을 밝히는 요셉

형들은 두려움에 말을 잇지 못했다. 자신들이 노예로 팔아버린 동생이 이집트 제2인자가 되었으리라 누구도 상상할 수 없었기 때문이다. 그러나 요셉은 그들을 원망하지 않았다.

오히려 모든 일을 하나님의 계획으로 받아들였다. "형님들이 나를 이곳에 팔았다고 근심하지 마십시오. 사실은 하나님께서 우리 가족을 구원하시기 위해 저를 먼저 이곳에 보내신 것입니다."

요셉은 자신의 시련을 원망이 아니라 성장의 과정으로 해석했다. 그는 이름처럼 '더할 것(요셉)'이라는 태도로 고난을 극복하고, 그 과정조차 은총으로 승화시켰다. 이 긍정의 시선이야말로 진정한 지성과 신앙의 조화였다.

인류의 발전은
소년들의 꿈의 총합이다

인류의 눈부신 발전은 거대한 제국이나 위대한 영웅 한 사람의 손에서 이루어진 것이 아니다. 오히려 역사 속 수많은 소년들의 꿈과 호기심, 열망의 총합이 인류 문명을 전진시켜 왔다.

어른의 세계가 계산과 두려움으로 움직일 때, 소년의 마음은 상상과 도전으로 움직인다. 어른은 "안 된다"고 말하지만, 소년은 "왜 안 되지?"라고 묻는다. 그 단순하고 순수한 질문이 전기를 만들었고, 하늘을 열었으며, 우주로 향하는 문을 열었다.

에디슨의 전구, 라이트 형제의 비행, 갈릴레이의 망원경, 뉴턴의 사과, 링컨의 정의감, 이 모두가 어린 시절의 호기심과 꿈에서 시작되었다. 그 작은 불씨가 거대한 불꽃이 되어 문명을 이끌었다.

소년의 꿈은
인류의 씨앗이다

오늘도 어느 교실의 구석, 작은 연구실, 혹은 부모조차 알아주지 않는 아이의 상상 속에서 미래의 혁신이 자라고 있다. 우리의 역할은 그 꿈을 짓밟지 않고 자라날 수 있는 토양을 마련해 주는 것이다.

성서는 이를 위해 요셉의 이야기를 길게 다룬다. 소년의 꿈이 아무리 크고 비현실적으로 보여도 그것을 비웃지 말라고 말한다. 지금 이 순간에도 별을 바라보며 상상하는 소년들의 마음속에서 인류의 다음 시대가 태어나고 있다. 그 꿈이 현실이 되는 순간, 불가능은 다시 가능으로 바뀌고 새로운 세상이 열린다.

인류의 모든 진보는 한때 "허황된 꿈"이라 불렸던 소년들의 상상에서 비롯되었다. 그러므로 세상을 움직이는 진정한 힘은 어른의 계산이 아니라, 소년의 꿈이다.

금의환향과
대가족 부양

- 성공의 진정한 보상은 혼자가 아니라, 함께 부유해지는 것이다

요셉의
금의환향

요셉의 형들이 이집트에 도착했다는 소식을 들은 바로 왕은 크게 기뻐하며 야곱과 나머지 가족들도 이집트로 초청했다. 왕은 그들에게 이렇게 말했다. "내가 너희에게 이집트의 아름다운 땅을 주리니, 너희는 이 나라의 가장 기름진 것을 먹을 것이다."

여기서 말하는 '아름답고 기름진 것'이란 단순히 비옥한 토지나 음식만을 뜻하지 않는다. 그것은 곧 부와 명예, 풍요로운 삶의 상징이었다. 한 집안에서 자식이 하나 크게 잘 되면 형제들과 부모까지 부귀영화의 덕을 보게 됨을 의미한다.

왕은 직접 수레를 보내어 그들을 태워 오게 했다. 열 필의 수나귀에는 진귀한 보물을, 열 필의 암나귀에는 곡식을 가득 실어 보냈

다. 오늘날로 비유하면, 해외에서 크게 성공한 인물이 고향으로 돌아올 때 국가가 제공하는 전용 전세기를 타고 오는 위풍당당한 모습이다. 비록 요셉이 직접 아버지를 모시러 가지는 않았지만, 왕이 보낸 수레와 물품들은 그의 공적을 상징하는 화려한 훈장과도 같았다.

이 행렬은 대기근으로 굶주리던 당시 사람들에게 더욱 특별한 광경이었다. 진귀한 물품은 물론, 식량 자체가 귀하던 시절이었기에 왕이 보낸 수레 행렬은 사람들의 눈길을 사로잡았을 것이다. 왕의 명에 따라 행렬이 지나가자 사람들은 부러움과 경이로움 속에서 그 장관을 바라보았다.

야곱과 형제들 역시 놀라움을 감추지 못했다. "도대체 요셉이 외국에 나가 얼마나 크게 출세했기에 왕에 버금가는 대접을 받는단 말인가?" 이제 그들은 깨달았다. 17세 소년이던 요셉이 "부모와 형제가 자신에게 절할 것"이라던 꿈은 허황된 환상이 아니라, 현실이 된 예언이었다.

요셉이 이처럼 눈부신 성공을 거둘 수 있었던 이유는 그의 이름이 뜻하는 바, '더할 것(요세프)' 그 자체였다. '더할 것'이라는 정신은 그에게 늘 전진과 성장의 의지를 불어넣었다. 그의 꿈은 앞에서 그를 끌어당겼고, 그의 긍정과 인내, 열정과 집중력은 뒤에서 그를 밀어주었다. 요셉은 원대한 꿈과 플러스적 사고방식으로 고난을 뚫고 일어선 사람이었다.

대가족을 부양한
요셉

야곱 일행이 이집트로 내려올 때, 그의 아들들, 손자들, 며느리들까지 모두 합치면 약 70명에 달했다. 요셉 한 사람의 성공이 이 많은 가족을 구하고 살린 셈이다.

그는 낯선 땅에서 온갖 역경을 이겨내고 사춘기 시절 품었던 꿈을 실현한 진정한 자수성가형 인물이었다. 그리고 자신의 성공을 가족과 공동체의 번영으로 확장시켰다. 요셉은 흉년으로 고통받던 가족을 이집트로 불러들여 자신이 110세로 생을 마칠 때까지 약 70년 동안 그들을 부양했다.

이집트 땅에 들어올 당시 70명 남짓이던 가족은 세월이 흘러 기하급수적으로 늘어났다. 전승에 따르면, 그때부터 400년이 지나 모세의 시대에 이르렀을 때 그들의 후손은 백만 명에서 삼백만 명 규모의 이스라엘 민족으로 성장했다.

야곱의 직계 자손뿐 아니라, 혼인으로 연결된 사돈가, 고향의 지인들, 이웃들까지도 요셉의 성공에 힘입어 이집트로 이주했을 것이다. 그가 직접 부양한 이들과 그의 도움을 받은 사람들을 합치면 그 수는 수백 명, 어쩌면 수천 명에 달했을 것이다.

요셉의 이야기는 단순한 가족 재회의 감동 담이 아니다. 그것은 한 사람의 비전이 얼마나 많은 생명을 살릴 수 있는가를 보여주는 실화다. 오늘날에도 큰 부와 영향력을 지닌 인물들, 예를 들어 빌 게이츠나 제프 베이조스 같은 사람들은 수많은 사람들에게 일자리와 기회를 제공하며 수백만 명의 삶에 영향을 미친다.

요셉 역시 그 시대의 '이집트의 영웅'이었다. 왕에 버금가는 권력과 부를 가진 그는 한 나라의 식량을 관리하며, 수많은 사람을 굶주림에서 구했다. 그의 성공은 자기 한 사람의 부귀영화가 아니라, 공동체 전체의 생명을 살린 거대한 축복이었다.

요셉의 성공이 남긴 메시지

요셉의 금의환향은 단순한 귀향이 아니다. 그것은 청소년기의 꿈이 현실로 피어난 완성의 상징이었다. 그의 성공은 꿈이 실현되는 과정이 얼마나 험난하든 끝까지 포기하지 않으면 반드시 결실을 맺는다는 사실을 보여준다.

또한 그는 자신의 부와 지위를 개인적 영광으로 쓰지 않았다. 요셉은 성공의 목적이 자신만의 영달이 아니라, 타인을 살리는 일임을 몸소 증명했다. 이것이야말로 진정한 리더십이며, 성경이 전하고자 하는 궁극의 성공관이다.

요셉의 금의환향은 "성공의 정점"이 아니라, "책임의 시작"이었다. 그는 어린 시절의 꿈을 이루었을 뿐 아니라, 그 꿈의 결실로 수많은 사람을 살리고, 한 민족의 뿌리를 세웠다.

그가 이집트에 내려가 성공하지 못했다면 이스라엘 민족과 모세도 없었고 성서조차 만들어지지 않았을지도 모른다. 진정한 성공은 자신이 아닌 타인의 삶을 풍요롭게 하는 것이다. 요셉의 이야기가 오늘날에도 여전히 울림을 주는 이유가 여기에 있다.

요셉, 수요와 공급을 지배한 시장경제 창시자

- 기근은 재앙이었으나, 요셉에게는 하나의 시장이었다

수요와 공급의 원리를 정확히 이해한 요셉

요셉을 부정적으로 보면, 그는 피도 눈물도 없는 냉혈한처럼 보인다. 7년 동안 이어진 극심한 가뭄 속에서 백성들이 식량을 구하지 못해 절박할 때, 그는 식량 독점권을 활용해 백성들의 돈, 가축, 토지, 심지어 자유까지 빼앗았다.

우리 역사 속 고구려 재상 을파소(乙巴素)는 요셉과 대조적이다. 요셉이 노예에서 국무총리로 오른 입지전적 인물이었다면, 을파소 역시 농민에서 국상으로 올라 백성을 위해 봉사한 인물이었다. 그는 백성들의 궁핍한 사정을 이용해 돈벌이를 하지 않고, 진심으로 구제에 힘썼다. 봄철에 곡식을 빌려주고 추수기에 갚게 하는 진대법(賑貸法)을 시행해 많은 농민을 살렸다.

요셉이 곡식을 독점적으로 사들인 이유는 분명했다. 훗날 찾아올 7년간의 대기근에 대비해 식량을 공급하기 위함이었다. 그러나 성서 어디에도 그가 고아, 과부, 장애인, 가난한 노인 같은 사회적 약자에게 곡식을 무상으로 나눠줬다는 기록은 없다. 오히려 그는 모든 사람에게 곡식을 팔아 상상을 초월하는 시세차익을 얻는 데 주력했다.

이런 모습만 본다면, 요셉은 만족을 모르는 현대 사회의 탐욕스러운 자본가처럼 느껴진다. 그는 이집트의 모든 부와 권력을 장악했고, 그를 제지할 수 있는 존재는 오직 신뿐이었다.

하지만 조금 다른 시각에서 보면, 요셉은 수요와 공급의 원리를 누구보다 정확히 이해하고 실행한 인물이었다. 성서는 "곡식이 바다의 모래처럼 많아 비축량을 계산할 수 없었다"고 기록한다. 이는 요셉이 남아도는 잉여 농산물을 거의 독점적으로 사들였다는 의미다.

그렇게 확보된 곡식은 훗날 시장의 유통과 가격 결정에서 절대적인 힘을 발휘했다. 요셉은 곡식 가격이 쌀 때 사두었다가 비쌀 때 파는 상인의 기본 원리를 철저히 실천했다.

풍년에는 곡식이 흔하고 값이 싸지만, 흉년이 닥치면 상황은 급변한다. 요셉은 이 점을 간파하고 값이 낮을 때 대량으로 매입해, 기근이 오자 시장에 풀며 막대한 수익을 거두었다. 성서는 단지 "요셉이 저장했던 곡식을 팔고 또 팔았다"고 기록하지만, 그 짧은 표현 속에는 철저한 경제 원리의 실행자로서의 요셉이 숨어 있다.

그의 행위는 단순한 장사꾼의 투기적 거래가 아니었다. 그는 7년간의 대기근이라는 국가적 위기를 미리 예측하고, 식량을 비축하여 수많은 생명을 구했다. 하지만 동시에, 그는 그 비축 곡식을 통해 이집트 전역의 부와 권력을 자신의 손에 넣었다. 이 점에서 요셉은 단순한 구제자이자 경건한 인물이 아니라, 경제를 움직이는 시장 설계자였다.

동서고금의 시장
지배자들

요셉이 대기근 시기에 아무도 갖지 못한 식량을 홀로 확보했다는 점에서, 그는 오늘날의 '시장 지배적 사업자'와 같다. 그의 행위는 매점매석으로 볼 수도 있지만, 강압이나 사기보다는 철저한 경제 원리와 투자 판단에 따른 결과였다.

고대의 곡식이 생존의 필수재였다면, 현대 사회의 필수재는 정보와 기술이다. 요셉이 식량을 지배했듯, 오늘날의 빌 게이츠는 운영체제를, 구글은 정보 검색의 통로를, 젠슨 황은 인공지능의 심장을 통해 세상을 지배하고 있다.

요셉은 시대가 달랐을 뿐, 그들과 같은 통찰과 결단력을 가진 인물이었다. 기술 발전이 더뎠던 고대 사회에서 독점은 곧 부의 축적이었다. 그러나 현대 사회는 다르다. 이제 독점은 사재기가 아니라, 기술력과 지적재산권으로 이뤄진다. 요셉이 식량을 통해 이룬 시장 지배력, 오늘날 기업들이 특허와 혁신으로 구축한 글로벌 독점의 원형이라 할 수 있다.

완전한 시장 장악,
그리고 토지법의 제정

요셉은 기근을 피해 이집트로 내려 온 아버지 야곱을 바로에게 인사시킨 뒤, 고센 땅에 정착하게 했다. 이후 본격적으로 상인다운 기질을 발휘하며, 이집트의 모든 돈을 곡식과 바꾸어 거둬들였다.

다음으로 가축을, 그리고 마지막으로 백성들의 토지와 신체의 자유까지 확보했다. 요셉은 풍년에 비축한 곡식을 무상으로 나누어주지 않았다. 그는 철저히 거래의 원칙에 따라 곡식을 팔았고, 사람들은 생존을 위해 자신의 모든 것을 내놓았다. 결국 이집트의 모든 땅과 인력은 요셉의 손아귀에 들어왔다. 그는 "가격을 부르는 자가 시장을 지배한다"는 불변의 경제 원리를 몸소 보여준 인물이었다.

이후 요셉은 '이집트 토지법'을 제정했다. 농부들이 땅을 빌려 농사짓고, 수확의 5분의 1을 바로에게 바치게 한 제도였다. 이는 오늘날의 세금이자 임대 수익 제도와 유사하다. 요셉은 이 제도를 통해 국가 단위의 안정적 수익 구조, 즉 '지속 가능한 경제 시스템'을 확립했다.

요셉은 곡식이라는 변동성 높은 자산 대신, 토지라는 안정적인 자산으로 눈을 돌렸다. 그는 위험을 분산시키고, 장기적으로 안정된 수익을 얻는 구조를 완성했다. 미래의 불확실성은 이제 그의 삶을 흔들 수 없게 됐다.

요셉,
시대를 앞선 천재 경제인

요셉은 노예 출신으로 국무총리에 오른 입지전적 인물이었지만, 그는 단순한 성공담의 주인공이 아니었다. 그는 시대를 초월한 천부적 사업가이자 탁월한 이재가(理財家)였다.

그의 곡식 독점은 단순한 이익 추구가 아니라, 기근이라는 거대한 위기를 기회로 전환한 위기관리의 모범 사례였다. 요셉은 한 나라의 시장을 완전히 지배하면서도, 억압이나 폭력이 아닌 '합리적 거래'를 통해 이를 이뤘다. 이 점에서 그는 현대 경제학이 추구하는 '시장질서와 효율성'을 이미 구현한 인물이었다.

행복한 노년,
그리고 요셉의 유산

창세기 50장은 요셉의 생애를 이렇게 마무리한다. "요셉이 110세를 살며 에브라임의 자손 삼대를 보았다." 마치 동화의 결말처럼, 그는 아들딸과 손자, 증손까지 보며 오랜 세월 행복하게 살았다.

그러나 그의 삶은 단순한 동화가 아니었다. 그는 소년 시절부터 꿈을 품었고, 노예로 팔리고 감옥에 갇히는 시련을 겪었지만, 끝내 '더할 것'이라는 이름의 뜻처럼 끊임없이 성장하며 꿈을 실현했다.

요셉은 루스벨트의 정치력, 베이조스의 혁신, 버핏의 투자 통찰을 모두 갖춘 인물이었다. 그의 이야기는 신의 기적이 아닌, 철저한 현실 감각과 경제적 통찰이 만들어낸 성공의 원형이었다.

요셉은 시장을 이해했고, 시장을 다스렸으며, 결국 시장경제의 본질을 가장 먼저 체현한 인물이었다. 그의 삶이 전하는 메시지는 단순하다. "풍요와 안정 속에 오래오래 행복하게 살고 싶다면, 세상을 움직이는 원리를 이해하라. 요셉처럼 생각하고 행동하라."

요셉의 성공 정신을 계승한
신데렐라

- 요셉과 신데렐라의 DNA는 99.99퍼센트 일치한다

요셉의 정신을 현대적으로 계승한
신데렐라 이야기

요셉의 성공 스토리는 위대한 감동을 주지만, 신의 개입이 중심에 놓여 있어 현대인들에게는 다소 거리가 느껴진다. 고대 사회에서는 과학과 지식이 충분히 발달하지 않았기에, 모든 현상을 "신의 뜻"으로 설명하는 것이 당연시되었다.

하지만 과학과 합리적 사고가 발전한 오늘날의 사람들은 구체적 근거와 논리를 원한다. 그렇기에 요셉의 성공담을 오늘의 시각으로 이해하기 위해서는, 그의 정신을 현대적으로 계승한 새로운 이야기가 필요하다. 바로 그것이 신데렐라 이야기이다.

신데렐라 이야기는 전 세계 190여 개국에서 1,000편이 넘는 버전으로 전해진다. 이는 이 이야기가 역경을 극복하고 인생을 역전시

키고자 하는 인류의 보편적 심성과 욕망에 부합한다는 사실을 의미한다.

그럼에도 많은 사람들은 여전히 신데렐라를 '아무 노력 없이 왕자를 만나 신분 상승을 이룬 행운의 주인공'으로 오해한다. 그러나 진짜 신데렐라의 성공은 요행이 아닌 인내와 실력의 결과였다. 그녀는 잿더미 속에서 하녀로 일하며, 고생과 불편, 수모를 묵묵히 견뎠다. 그 속에서 끊임없이 자신을 단련하고 성장시켰기에 마침내 기회를 붙잡을 수 있었던 것이다.

오늘날 우리는 스포츠, 오디션, 게임, 선거 등에서 눈물과 땀으로 인생 역전을 이루는 수많은 '현대판 신데렐라들'을 본다. 이것이야말로 현실에 살아 있는 진짜 신데렐라 이야기, 그리고 요셉 정신을 계승한 현대적 성공 스토리이다.

요셉과 신데렐라의 공통된 성공 원리

요셉의 이름은 '더할 것'을 의미한다. 신데렐라는 '재투성이 소녀'라는 뜻을 가진다. 겉보기에는 전혀 다른 두 인물이지만, 그들의 인생에는 놀라운 공통점이 존재한다.

요셉은 노예로 팔려가고 감옥에 갇혔으며, 신데렐라는 부엌의 잿더미 곁에서 하녀로 지냈다. 두 사람 모두 가장 밑바닥에서 출발해 고난을 견디며 자신을 단련했다. 요셉은 '더할 것'이라는 이름처럼 성장의 의지를 잃지 않았고, 신데렐라는 어머니의 유언을 따라 흔들림 없는 신앙심과 선한 마음으로 자신을 지켜냈다. 요셉의 의지가 신앙으로, 신데렐라의 신앙이 곧 의지로 표현되어 이어진 셈이다.

요셉은 부모형제가 자신에게 절할 정도로 큰 성공을 거두는 원대한 꿈을 꾸었다. 신데렐라의 꿈은 상대적으로 작아 보일 수 있지만, 그녀도 나름의 큰 꿈을 지녔다. 독일 그림 형제의 신데렐라 이야기는 이 부분을 다음과 같이 묘사하고 있다.

어느 날 신데렐라의 아버지가 장에 가면서 딸들에게 어떤 선물을 원하는지 물었다. 의붓딸 두 명은 각각 아름다운 옷과 진주와 보석 등을 원했다. 이에 비해 신데렐라는 아버지가 장에 갔다 올 때 아버지가 쓴 모자를 건드리는 나뭇가지를 꺾어다 주길 원했다. 나중에 아버지는 개암나무 가지를 선물로 가져다줬다.

신데렐라는 당장 눈앞의 이익이라 할 수 있는 옷이나 보석을 받으려고 했던 것이 아니다. 아버지의 모자는 가장의 권위와 재력 등을 상징하고, 이를 건드린 개암나무는 독일에서 부를 상징한다. 그녀는 가장의 권위처럼 탄탄하고 안정된 부를 원했던 것이다.

이처럼 요셉과 신데렐라 모두 단순한 행운이 아닌, 근본적인 성장과 번영의 꿈을 꾸었던 사람들이다. 요셉은 감옥에서, 신데렐라는 부엌에서 번데기처럼 갇혀 있었지만, 그 어둠의 시간은 변신을 위한 준비기였다.

요셉이 왕 앞에 서기 전 수염을 깎고 새 옷을 입었듯, 신데렐라 역시 기도 끝에 금빛 드레스를 입고 무도회장으로 들어섰다. 두 사람 모두 최고의 무대에 오르기 전, 내적·외적 변화를 마쳤다. 그리고 그 자리에서 자신들의 실력을 증명하며, 신분 상승과 부귀영화를 얻었다. 결국 요셉은 국무총리가 되었고, 신데렐라는 부귀영화를 상징하는 왕자와 맺어졌다.

이 두 이야기가 인류 역사상 가장 널리 전해지는 이유는 분명하다. 그것은 고난 속에서 성장하고 인내 끝에 인생을 역전하는 성공 스토리이기 때문이다. 요셉은 최초의 '남자 신데렐라'라 하기에 부족함이 없다.

실력 쌓기,
모든 성공의 숨은 전제

요셉의 이야기에는 한 가지 아쉬움이 있다. 그가 어떻게 실력을 쌓았는지 구체적인 과정이 성서에는 거의 기록되어 있지 않다는 점이다. 그러나 역으로 계산해 보면, 이집트 전 국민이 굶어 죽을 위기를 해결하기 위해선, 단순한 신의 은혜만으로는 불가능했을 것이다. 그 뒤에는 분명 지속적인 학습, 경험, 그리고 탁월한 판단력이 있었다.

요셉이 동생 베냐민(실력을 상징함)에게 특별히 옷 다섯 벌과 은 300세겔을 주었다는 사실은 그가 실력의 가치를 누구보다 높이 평가했음을 보여준다. 은 300세겔은 노예 15명의 몸값에 해당하는 거액이었다. 즉, 요셉은 "실력이 곧 가치"임을 체득한 인물이었다. 그의 성공은 신의 기적이 아니라, 실력과 준비의 결과였다.

크고 어려운 일을 성공시키는 데는 실력이 필요하다. 이것은 인간 사회의 기본 상식이며 전제가 된다. 따라서 이를 언급하는 것 자체가 군소리가 된다. 수많은 이야기에서 생략되고 있는 이유라 할 것이다.

신데렐라의 콩 고르기, 실력 쌓기 비법

신데렐라 이야기에는 실력 쌓기의 과정이 상징적으로 표현되어 있다. 그녀는 무도회에 나가기 위해 계모가 던진 고된 과제를 수행해야 했다. 바로 '잿더미 속에서 콩 고르기'였다.

이 장면은 단순한 노동이 아니다. 잿더미 속에서 알찬 콩을 고르는 것은, 좋은 실력을 하나씩 갈고닦는 과정을 뜻한다. 콩 중에는 쭉정이와 돌멩이도 섞여 있다. 이것은 인간의 미숙함과 약점을 의미한다. 좋은 콩만 골라내는 과정은 곧 자신의 약점을 버리고, 강점과 기술을 연마해 나가는 성장의 여정을 상징한다.

'콩 고르기'는 집중력과 끈기를 요구하는 훈련이다. 이는 곧 '1만 시간의 법칙'과 통한다. 신데렐라가 새들의 도움으로 순식간에 콩을 고른 것은 수년간의 노력과 반복을 압축한 우화적 표현이다. 빌 게이츠, 스티브 잡스, 세계적 음악가나 운동선수들 모두가 자신의 분야에서 수만 시간을 쏟아부은 것처럼, 신데렐라도 그 과정을 상징적으로 보여준다.

요셉이 감옥에서 2년을 기다렸듯, 신데렐라도 부엌에서 인내로 자신의 실력을 다졌다. 그들에게 공통된 것은 바로 '더할 것'의 정신,

즉 남들보다 더 배우고, 더 노력하며, 더 성장하려는 자세였다.

실력 없는 성공은 없다. 요셉이 국무총리가 될 수 있었던 것도, 신데렐라가 왕자의 선택을 받을 수 있었던 것도 모두 실력의 결과였다. 성공은 요행이 아니라, 피와 땀으로 쌓은 실력 위에서만 완성된다.

계모,
내면의 자기 관리 본능

신데렐라가 부귀영화를 얻을 수 있었던 데에는 '계모'라는 존재가 상징하는 철저한 자기 관리의 힘이 있었다. 계모는 냉정하고 잔소리가 많지만, 그 잔소리 덕분에 신데렐라는 부엌일을 견디며 콩 고르기를 해낼 수 있었다. 그녀가 무도회장에 나가 왕자를 만날 수 있었던 것도, 결국 계모의 혹독한 훈련 덕분이었다. 이 계모는 곧 우리 내면의 자기 관리 시스템이다.

공부가 힘들 때, 연습이 지루할 때, 목표가 멀게 느껴질 때 우리 안의 계모는 이렇게 속삭인다.

"고작 이 정도밖에 안 되느냐?"
"지금 쉬면 경쟁자들은 너를 앞설 것이다."
"끝까지 버텨라. 포기하면 모든 게 끝이다."

하버드대 도서관 벽에 새겨진 문구들, "지금 공부 안 하면 내일은 눈물 난다…" 역시 이런 내면의 계모의 목소리가 남긴 흔적이다.

　요셉 또한 세 명의 계모 밑에서 자라며 이러한 긴장감과 자기 관리 속에 성장했을 것이다. 성공한 사람들의 마음속에는 언제나 이런 '내면의 계모'가 존재한다. 그녀는 늘 말한다. "멈추지 말고, 더하라."

현대인이 배워야 할
요셉형 성공의 핵심

　오늘날 사람들은 견고한 성공, 즉 흔들리지 않는 부와 안정된 삶을 원한다.

　단순히 부자가 아니라, 평생 안정적 수입이 보장되는 기반을 꿈꾼다. 이런 부와 성공을 고대 사회에서 실제로 이룬 인물이 바로 요셉이다.

　요셉은 남들이 감히 상상도 못 한 큰 꿈을 꾸고, 노예 신분의 고통과 수모까지 감수하며 그것을 실행에 옮겼다. 그는 시련 속에서도 물러서지 않고, '더할 것'의 자세로 매 순간을 극복했다.

　부정부패나 단기적 이익에 흔들리지 않았으며, 수요와 공급의 원리를 꿰뚫는 지혜로 약 14년에 걸친 장기 투자를 감행했다. 그 결과, 그는 이집트의 부와 사람들을 모두 자신의 영향 아래 두는 합법적 시장 지배자가 되었다.

　요셉은 견고한 경제적 기반을 마련한 뒤, 110세까지 풍요롭고 평온한 삶을 누렸다. 그는 하늘이 내린 부자이자, 오늘날 성공학이 본

받아야 할 '더할 것'의 상징이었다.

진짜 성공은 '더하는 마음'에서 완성된다. 요셉의 삶과 신데렐라의 이야기는 시대와 배경은 달라도 한 가지 공통된 진리를 말한다. 성공은 요행이 아니라 실력 위에 세워진다. 그리고 그 실력은 끈기와 자기 관리, 그리고 '더할 것'의 정신에서 비롯된다.

세상의 모든 신데렐라와 요셉들은 이 원리를 깨닫고 실천한 사람들이다. 고난을 견디고, 자기 자신을 단련하며, 남들보다 한 걸음 더 나아가는 그들의 발걸음 속에 진짜 인생 역전의 법칙이 숨어 있다. "더하라. 멈추지 말라. 그것이 곧 요셉과 신데렐라가 남긴 성공의 비밀이다."

요셉형 리더십
12단계

- 철학과 실천의 조화

1단계.
특별한 사명의식과 꿈

　요셉은 어린 시절부터 자신이 평범한 인물이 아님을 직감했다. 채색
옷은 단순히 예쁜 옷이 아니라, 자신이 특별한 길을 걸어야 함을 일깨
워준 상징이었다. 사명감은 운명보다 강력하다. 남들과 같지 않겠다
는 결심은, 때로는 외로움을 낳지만 동시에 위대함의 출발점이 된다.

　세종대왕은 병약한 몸에도 불구하고 백성을 위한 글자를 만들겠
다는 사명으로 일생을 바쳤다. 그의 사명감은 불가능을 가능으로
바꾸었다. 자신에게 주어진 '색깔'을 잃지 말라. 사명은 재능보다 오
래가고, 운명보다 강하다.

　요셉은 자신의 현실보다 훨씬 큰 꿈을 꾸었다. 그 꿈은 가족을 놀
라게 했고, 형제들의 시기를 불러왔다. 그러나 꿈은 언제나 '비현실'

이라는 시험대를 통과해야 한다. 위대한 사람은 현실보다 먼저 꿈을 믿는 자다.

존 F. 케네디는 "인간을 달에 보내겠다"고 선언했다. 그리고 그 일이 쉽기 때문에 하는 것이 아니라 어렵기 때문에 도전한다고 말했다. 그의 꿈은 미국인들을 통합시켰고 그의 선언대로 실현된 바 있다.

2단계.
현실적 조율과 철저한 계획

요셉은 꿈을 맹목적으로 쫓지 않았다. 그는 현실을 냉철하게 파악하며, 이상을 구체적인 실행 계획으로 바꾸었다. 비전과 계획의 조율 능력이야말로 지성인의 리더십이다.

정주영 현대그룹 창업주는 "해보기 전엔 모른다"는 신념으로, 불가능해 보이던 조선사업을 계획과 실행으로 밀어붙였다. 그러나 그의 열정 뒤에는 치밀한 계산이 있었다. 꿈은 불로 피워지고, 계획으로 다듬어진다. 뜨거운 비전과 차가운 계산이 함께할 때 성공은 현실이 된다.

3단계.
배수진의 의지

요셉은 안락한 고향을 떠나 미지의 이집트로 향했다. 노예가 될 위험을 알면서도 그는 그 길을 택했다. 자신의 꿈을 위해 배수진을 치는 결단력을 보여준 것이다. 과거 설악산이나 중국 황산의 짐꾼들이 무거운 짐을 지고 험악한 등산로를 오르는 힘도 오르지 않으면 죽는다는 배수진 정신에서 나온다. "돌아갈 배나 다리를 태우는 자만이 앞으로 나아간다."

이순신 장군은 "죽고자 하면 살고, 살고자 하면 죽는다"고 말했다. 퇴로를 버리고 전진만을 택했을 때, 불가능한 승리가 현실이 되었다. 결단은 언제나 고통을 동반한다. 그러나 그 고통이 미래의 문을 연다.

4단계.
플러스적 사고 — "더할 것이라는 믿음"

요셉의 이름 뜻은 "더하다, 증가하다"이다. 그의 삶 전체는 '플러스의 정신'으로 움직였다. 노예 생활도, 감옥 생활도 그를 줄이지 못했다. 오히려 그를 더 크게 만들었다. 그는 어떤 시련 앞에서도 '더할 것'이라는 믿음을 놓지 않았다.

월트 디즈니는 젊은 시절 신문사 해고, 회사를 파산시키는 등 수많은 실패를 경험했지만 고난과 역경이 그를 더욱 강하게 만들었다고 밝혔다. 요셉처럼 그도 실패를 빼기가 아니라 더하기로 바꾼 사람이다. 진정한 성공은 빼기가 아니라 더하기의 정신에서 태어난다. 시련은 결핍이 아니라, 성장의 재료다.

5단계.
불편함을 감수한 근면성실

요셉은 경비대장 보디발의 집에서 종으로 일하면서도 불평하지 않았다. 그는 돌을 베개 삼던 야곱처럼, 주어진 환경 속에서 최선을 다했다. 그의 근면함은 결국 신뢰를 낳고, 신뢰는 권한을 낳았다. 불편함을 감수하는 사람만이 성장의 무게를 감당할 수 있다.

6단계.
청렴과 절제

정직과 청렴은 가장 오래가는 자본이다. 요셉은 보디발의 아내의 유혹 앞에서도 흔들리지 않았다. 순간의 쾌락보다 영혼의 청렴함을 택했다. 그의 절제는 곧 그의 신뢰였다.

마하트마 간디는 권력보다 도덕을, 편리함보다 원칙을 선택했다. 그의 청렴함이 결국 한 나라를 해방시켰다. 청렴은 고독하지만, 그 끝은 언제나 명예다. 요셉의 청렴함은 단순한 도덕이 아니라, 미래를 위한 가장 강력한 자기 보호 장치였다.

7단계.
인내의 시간

감옥은 요셉을 가두지 못했다. 오히려 단련시켰다. 그는 감옥에서도 절망하지 않았다. 그는 '인생의 대기 시간'을 불평 대신 자기 성찰의 시간으로 삼았다. 인내는 고통의 다른 이름인 지혜였다.

넬슨 만델라는 27년의 감옥 생활 동안 증오 대신 사유를 택했다. 그의 인내가 한 나라의 미래를 바꿨다. 감옥의 시간은 멈춤이 아니라 준비의 시간이다. 인내는 영혼의 근육이다.

8단계.
결단력

삶 속에서는 크고 작은 결단력이 수시로 요구된다. 이때 최상의 결단만을 고집하는 사람은 오히려 결단을 전혀 내릴 수 없게 된다. 결단은 위험이나 손실, 희생을 각오하고 과감하게 내려야 한다.

이솝우화 속 나무꾼은 금도끼, 은도끼적인 최고의 결단보다 쇠도끼가 상징하는 과감한 결단을 자기 것으로 삼았다. 수시로 쇠도끼 같은 결단을 적기에 내리다 보니 그 속에서 금도끼, 은도끼 같은 멋진 결단도 덤으로 생겨났다.

9단계.
자신감과 당당함

세상의 중심, 바로 왕 앞에서 요셉은 주눅 들지 않았다. 그는 자신이 준비한 실력을 믿었다. 자신감은 자만이 아니라 오랜 준비에서 오는 평정심이었다. 요셉은 스스로의 실력을 믿었고, 그 믿음은 현실을 바꾸었다.

이순신은 "신에게 아직 열두 척의 배가 있나이다"라며 두려움보다 더할 것이라는 자신감과 투지를 택했다. 자신감은 운이 아니라 준비의 산물이다.

10단계.
경제 원리의 통찰

미래를 읽는 자가 시장을 지배한다. 요셉은 경제의 본질을 이해한 인물이었다. 그는 풍년과 흉년의 순환 속에서 수요와 공급의 원리를 읽었다. 그는 인류 최초의 '시장경제 실천가'였다.

워런 버핏은 "남들이 두려워할 때 사라"고 했다. 요셉의 방식과 같다. 경제의 본질은 흐름을 예측하고, 욕망을 절제하는 데 있다. 부를 이루는 힘은 눈앞의 기회보다 미래의 통찰에 있다.

11단계.
구조적 재투자

요셉은 곡식의 시세차익으로 얻은 부를 다시 가축과 토지에 재투자했다. 그는 단기적 이익에 그치지 않고, 지속 가능한 시스템을 만들었다. 이로써 그는 단순한 행정가를 넘어 경제 설계자가 되었다. 그의 부와 권력은 순간적인 행운이 아니라, 장기적 사고와 구조적 재투자의 결과였다.

현재의 이익과 지위에 취해 있다가 구조적 재투자를 등한시 하면 노키아나 일본 전자기업들처럼 도태되기 쉽다. 지속적인 재투자와 혁신만이 지속적인 생존의 해답이다.

12단계.
성공의 나눔

요셉은 가족을 이집트로 불러 함께 풍요를 나누었다. 그는 성공의 열매를 홀로 누리지 않았다. 나눔은 단순한 도덕이 아니라, 성공의 완성 단계였다. 요셉과 같은 '공유의 리더십'이 문명을 성장시켰다.

석유왕 록펠러, 철강왕 앤드류 카네기는 그들의 재산을 교육과 도서관 설립, 공중보건 등에 썼다. 성공의 최고 형태는 나눔이다. 나누지 않는 성공은 결국 고립된다.

요셉의 리더십은 인간 성장의 12단계 모델이다. 사명감과 비전에

서 시작해, 계획·결단·긍정·성실·청렴·인내·관계·자신감·경제 통찰·구
조적 사고·나눔으로 완성되는 그 여정의 중심에는 언제나 하나의 정
신이 흐른다. "더할 것이라는 플러스적 사고와 믿음, 그것이 요셉의
본질이다." 시련은 빼기가 아니라 더하기의 기회다. 이 믿음을 가진
사람은 어떤 시대에도 꺾이지 않는다.

III.

맺음말

삶의 원형과
실천의지

- 신은 완벽한 자를 찾지 않는다. 다만, 멈추지 않는 자를 사랑하신다

인간의 지성적 삶의 원형,
야곱

성서 『창세기』는 우주 만물의 기원과 함께 인간 삶의 다양한 시작점을 이야기한다. 세상의 기원, 죄의 기원, 그리고 노아처럼 죽을 뻔했다가 되살아나는 재기의 기원 등이 그것이다. 그중에서도 오늘날 현대인에게 가장 밀접한 주제는 지성과 성공의 기원이다.

"나는 어떻게 살아왔고, 지금은 어떻게 살고 있으며, 앞으로는 어떻게 살아갈 것인가?"이 질문은 인간이라면 누구나 품는 근본적인 물음이다. 『창세기』의 야곱과 요셉 이야기는 이 물음에 대한 삶의 원형적 해답을 제시한다.

만약 인간에게 신화나 전설, 문학과 같은 인문학적 거울이 없다면, 우리는 본능과 욕망만을 좇아 살아가는 동물과 다를 바 없을

것이다. 하지만 인간은 단순히 욕구에 따르지 않는다. 자신이 가는 길을 성찰하고, 더 나은 방향으로 수정하려는 본능적인 열망, 그것이 바로 인류에게 주어진 지성의 축복이다.

야곱이 평생 추구한 것은 장자권(長子權)이었다. 이는 단순히 받아들이 받는 재산이나 지위가 아니라, 오랜 세월 공부하고 수양하여 얻는 안정된 삶의 권리, 곧 지성인의 상징이다.

지성을 쌓은 사람은 지도자와 엘리트로 성장하며 사회를 이끄는 위치에 선다. 이것이 곧 사회적 장자권이다. 그러나 현실은 단순하지 않다. 사람들은 눈앞의 이익, 즉 '팥죽'에 끌리는 에서적 본능을 가지고 있다. 그래서 부모는 자녀가 어릴 때부터 장기적인 목표를 추구하도록 가르치며, 장자권적 사고방식을 훈련시켜야 한다.

장자권을 얻기 위해선 돌베개 정신이 필요하다. 야곱이 돌을 베고 자며 고난을 견딘 것처럼, 고생과 불편함을 감내해야만 진정한 성취가 가능하다. 젊은 시절의 고생은 미래의 안정으로 이어진다.

지성을 통해 얻은 장자권은 풍요를 안겨주지만, 그것만으로 인간의 영혼을 충족시킬 수는 없다. 지식과 기술이 아무리 높아도, 영혼을 돌보지 않으면 인생은 허전해진다. 결국 지성인은 어느 시점에서 세속적 성공과 거리를 두고, 내면의 성숙으로 나아가야 한다.

지성인이 사랑하는 덕목은 요셉의 긍정적 태도와 베냐민이 상징하는 실력이다. 이 두 가지는 얻기 어렵지만, 인생에서 가장 가치 있는 자산이 된다.

원대한 꿈을 이룬 성공인의 원형, 요셉

요셉은 부모형제가 자신에게 절하는 꿈을 꾸었고, 그 꿈 때문에 시련과 역경을 겪었다. 그러나 그는 자신의 이름 뜻처럼 '더할 것'이라는 플러스적 사고와 성장 의지를 잃지 않았다.

긍정과 인내, 근면과 투지로 모든 역경을 이겨낸 그는 마침내 이집트의 총리가 되어 세상의 부귀영화를 누렸다. 세상은 요셉처럼 '더할 것'의 정신을 가진 사람이 더 잘 살아갈 수밖에 없는 구조다.

삶에는 늘 장애물과 실패, 좌절이 따른다. 이런 순간에 "더할 것"이라는 마음으로 맞서지 않으면 인생은 쉽게 무너진다. 결국 성공은 단지 부를 쌓는 일이 아니라, 불가능에 가까운 어려운 일을 해내고 세상을 이롭게 하는 능력에서 비롯된다. 그런 일을 해낸 이만이 진정한 영웅이 되고, 세상은 그에게 부귀영화를 보상한다.

우리 또한 요셉이나 금척설화의 머슴처럼, 부모형제가 절할 정도의 큰 성공이나 죽은 공주를 살려내는 것 같은 어렵고 가치 있는 일을 해내겠다는 포부를 지닐 필요가 있다. 그런 큰 뜻을 품고 산다면, 게으름과 방탕은 멀어진다. 반대로 스스로 "나는 안 된다"고 믿는다면, 이스라엘 백성처럼 40년간 사막을 방황하는 삶을 살게 된다.

결국 선택은 하나다. 겁쟁이로 사막을 떠돌며 살 것인가, 아니면 용기 있게 젖과 꿀이 흐르는 땅으로 나아갈 것인가. 이 선택의 출발점은 '생각'이다. 생각 없이 사는 삶은 낮과 밤이 반복되는 공허한 일상에 불과하다.

그러므로 우리는 매일 좋은 단어를 마음에 새겨야 한다. 긍정, 도전, 용기, 인내, 집중, 열정, 근면, 실천 의지, 그리고 그 모든 것을 아우르는 단어, '더할 것'이다. '더 한다'는 것은 플러스적 성장의 욕구이며, 그 안에는 수많은 미덕이 싹튼다.

요셉의 성공이 보여주는 가장 깊은 메시지는 이것이다. 성서와 하나님은 성공을 두려워하지 말고, 그것을 향해 노력하라고 가르친다. 요셉이 세속적 성공을 추구했을 때 하나님은 그를 외면하지 않고, 오히려 감옥에서도, 바로 왕 앞에서도 함께하셨다. 그분은 노력하는 자를 외면하지 않으신다. 따라서 성공을 향한 노력이 곧 신의 뜻에 부합하는 삶이다.

종교는 흔히 세속적 욕망을 경계하지만, 요셉의 이야기는 말한다. "성공하세요. 그리하면 비바람에도 흔들리지 않고, 자손들이 번성하며 오래도록 행복할 것입니다."

인류를 이끄는 야곱과 요셉의 정신

인류의 발전은 언제나 야곱의 지성과 요셉의 열정에서 비롯되었다. 만약 세상이 에서처럼 단순한 본능만을 따르거나, 요셉의 꿈을 비웃던 사람들로 가득했다면 오늘날의 눈부신 문명은 존재하지 않았을 것이다.

앞으로의 인류 미래 역시, 지성과 플러스적인 실천을 겸비한 사람들이 이끌 것이다. 야곱과 요셉의 정신은 수천 년이 흘러도 여전히 우리의 삶을 비추는 나침반이다. 그들의 이야기를 온고지신(溫故知新)의 자세로 되새긴다면, 우리는 흔들림 없이 성장의 길을 걸을 수 있다.

예수의 경고와 실천의지

영국 사상가 허버트 스펜서는 말했다. "교육의 위대한 목표는 앎이 아니라 행동이다." 아무리 많은 지식을 쌓아도 행동하지 않으면 삶은 변하지 않는다. 야곱의 장자권, 요셉의 '더할 것' 정신도 결국 실천을 전제로 한 지성이다.

예수께서도 실천 없는 믿음을 가장 강하게 경고하셨다. 마태복음 5~7장, '산상수훈'에서 예수는 다음과 같이 가르치신다.

> "마음이 가난한 자는 복이 있나니, 하늘나라가 그들의 것이요."
> "원수를 사랑하라. 너희를 박해하는 자를 위해 기도하라."
> "구하라, 주실 것이요. 찾으라, 찾아낼 것이요. 두드리라, 열릴 것이다."
> "무엇이든 남에게 대접받고자 하는 대로 너희도 남을 대접하라."
> "좁은 문으로 들어가라."

그리고 그는 이렇게 결론지었다. "나의 말을 듣고 행하는 자는 반석 위에 집을 지은 지혜로운 사람과 같다. 그러나 듣고도 행하지 않는 자는 모래 위에 집을 지은 어리석은 사람과 같다."

예수께서는 진리를 아는 것으로 만족하지 말고, 행동으로 옮기라고 말씀하셨다. "주여, 주여" 하며 믿기만 하고 실천하지 않는 자들을 향해 "나는 너희를 도무지 알지 못한다. 불법을 행하는 자들아 내게서 떠나라"라고 하신 것도 그 때문이다.

그분은 단순한 믿음을 원하신 것이 아니다. "내 말을 일상에서 실천하라. 그렇게 해야 진리가 너의 것이 된다." 이것이 예수의 가르침이다. 야곱과 요셉의 이야기, 그리고 예수의 산상수훈은 모두 하나의 진리를 향한다. 앎은 출발점이고, 실천이 완성이다.

행동하지 않는 순간, 지식은 사라지고 진리대로 살겠다는 황금빛 굳센 의지도 티끌이 되어 날아간다. 모래 위에 집을 짓지 말고, 반석 위에, 곧 실천의 행동 위에 삶을 세워야 한다. 그 길만이 흔들림 없는 인생과 번영, 자기구원으로 이어진다.

거울에 비친 자기 얼굴에 더러운 오물 같은 것이 묻은 것을 보고 닦거나 떼어내지 않는 사람은 없다. 마찬가지로 신화나 전설 같은 인문학적 거울에 자신의 삶, 자세, 행위 등을 비춰보고 오점이나 오류가 묻어있다면 닦거나 떼어내야 한다. 그것이 사람이라면 당연히 해야 할 도리이기 때문이다.

삶을 되돌아보면, 우리가 진정으로 성장한 순간은 편안할 때가 아니라, 고통과 불안 속에서도 포기하지 않고 한 걸음 더 나아갔을 때였다. 야곱은 고향을 떠나 돌을 베고 자면서 배웠다. 불편함 속에서도 생각하는 법을 익혔다. 그의 지성은 어둠 속에서 빛을 찾는 인간의 사고력을 상징한다.

요셉은 너무 큰 꿈을 꿔서 비웃음을 샀지만 노예가 되는 것조차 각오하고 꿈을 향해 뛰어들었다. 그리고 시련의 한 가운데인 감옥의 어둠 속에서 꿈을 잃지 않았다. 그는 원망 대신 배움을 택했고, 절망 대신 실천을 선택했다. 세상은 그를 낮추었지만, 신은 그의 '더할 것' 정신을 들어 높이셨다.

결국 요셉은 세상을 구하며 널리 이롭게 했고, 자신의 이름 그대로 더 많은 생명과 풍요를 세상에 더했다.

이 두 인물의 이야기는 먼 옛날의 전설이 아니다. 오늘을 사는 우리 모두의 초상이다. 야곱처럼 배우고, 요셉처럼 행동하는 사람만이 불확실한 세상 속에서도 흔들리지 않을 것이다. 신은 인간에게 많은 명령을 내리셨다. 그러나 그 모든 명령의 뿌리는 하나다.

"멈추지 말라. 더할 것."

생각을 멈추지 말고, 꿈을 멈추지 말며, 사랑과 배움을 멈추지 말라는 뜻이다. 인생의 목적은 완전함이 아니다. 조금씩 나아가는 과정 그 자체가 완성이다. 요셉의 더함, 야곱의 깨달음이 우리 안에서 다시 태어날 때, 비로소 신이 원하시는 삶이 이루어진다. 지금 이 순간, 우리들의 인생도 여전히 진행 중이다. 배우고, 사랑하고, 실천하라. 그 길의 끝에서 깨닫게 될 것이다. 신은 멀리 있지 않다. 우리가 한 걸음 더 내딛는 그곳에, 이미 함께 계신다.